夜回り先生のねがい

著 水谷修　　写真 疋田千里

Yomawari-sensei-3

written by : Osamu Mizutani
photo by : Chisato Hikita
published by : sanctuary books

Prologue

夜回り先生から
日本の大人たちへ

知っています
大人たちも苦しんでいることを

ごめんね

50

いいんだよ

ありがとう

夜回り先生のねがい

著　水谷修

写真　疋田千里

サンクチュアリ出版

目次

Contents

はじめに

私はただの高校教師でした。

ところが定時制高校に赴任したことをきっかけに、夜の繁華街を回り、路上で見かけた子どもたちに声をかけるようになると、いつのまにか周囲から「夜回り先生」と呼ばれるようになっていました。

強盗、援助交際、薬物の乱用、殺人未遂……いろんな子どもと出会いながら、私は黙って彼らのそばに立ち、ゆっくりと話を聞き続けました。話に深入りしたために、暴力団に刺されたり、指をつぶされたこともあります。それでも、私のことを信じ、やり直そうとしてくれる子どもとともに生きることは、なによりの幸せでした。

それから、私は『夜回り先生』という本を出版しました。

深夜、親や学校の先生が眠っている時間に、夜の繁華街や薄暗い自分の部屋で、どれほど多くの子どもたちが希望を失い自分を傷つけているか。その事実に、ほとんどの大人は気づいていないかもしれない。でも水谷というひとりの大人は君の存在に気づいているよ。だからまずは相談してごらん。今日から一緒に考えよう。そんな想いを込めてこの本を書き下ろし、同時にメールアドレスと自宅の電話番号を、世間に公開しました。それから今日まで、ずっと闘いの日々が続いています。

『夜回り先生』を出版してから1年も経たないうちに、私は教壇を去らざるをえなくなりました。当時勤めていた学校に電話、そして悩みを抱えた人々が殺到し、生徒や仲間の教員たちに迷惑をかけてしまったからです。厳しい選択でした。教員という仕事は、私にとって最高の生きがいだったからです。

わずか3年の間にメールは30万通ほど届きました。そしてそのほとんどが悩み傷ついた子どもたちの悲鳴でした。家にいれば昼夜を問わず電話が鳴り続けています。いまだにいっこうに落ち着く気配はなく、自分でまいた種とはいえ時々、社会に対して哀しくなるときもありました。

もちろんその間、私はひとりで闘っていたわけでありません。仲間の精神科医、カウンセラー、保健師、弁護士、マスコミ・報道関係者、そして私の元教え子たちが、大きな支えになってくれました。ただひとつ「子どもをひとりも死なせてはいけない」を合言葉にして、厳しい状況をみんなで必死に耐えました。

でも残念ながら、私たちは29人の子どもの命を失ってしまいました。11人は自殺、17人は事故または病死、ひとりは殺されました。仲間のひとりが言いました。

「もう無理だ。これは俺たちが解決できるレベルの問題じゃない。行政や公的機関にまかせたほうがいい」

「違う」と私は言いました。私個人が世間に顔をさらし、一対一で向き合おうとするからこそ、子どもたちは信じ、自分の苦しみを打ち明けようとしてくれる。組織にまかせるわけにはいかない。頼むから助けてほしい。

そう懸命に伝えてきたものの、仲間のほとんどは私のもとを離れていきました。残った仲間も疲れ切っています。相談メールを整理していたひとりの教え子は、血だらけの画像を見ながら「もう勘弁して」と言いました。

私も何度となく活動を中止しようと思いました。でもそれはできませんでした。

全員ではないにしろ、出会った子どもの多くが、明るさを取り戻し、すでに新しい生活をはじめていたからです。どれだけ落ち込んだり、悩んだりしていても、彼らの存在が私に大きな勇気を与えてくれました。

彼らは今でも時々、電話やメールで近況を教えてくれます。親の虐待と同級生のいじめに苦しんでいた男の子は、勇気を出して校長先生に苦しみを訴え、今では校長先生の養子として元気に生活しているようです。また、不登校を続け、メールに「死にたい」と書き続けていた女の子は、後に定時制高校に入り、そこで友だちがたくさんできたと言いました。ある夏、野球部が全国大会に出場し、その応援のために上京してきた彼女は、人並み以上に元気で、輝いていました。

一方で、私は大人たちを憎み続けていました。大人がきちんと見守り、優しく育てていれば、子どもはわざわざ自分を傷つけようとしたり、死を考えたりすることはありません。追い込んでいるのは、間違いなく両親や教員たちです。許せませんでした。特に性的虐待をする父親、教え子と肉体関係を持った教員たちは、すべて警察沙汰にして、刑務所か退職に追い込みました。

しかし私はあるとき知りました。決して弁護する気はありませんが、そういう大人たちも、実は会社や社会で否定され続けている存在なんだということを。彼らは会社や家庭などそれぞれの組織の中で、上司や夫から言われたことをただひたすら、しかも限界のところでやり過ごしながら生きています。そのせいで自尊心も失いつつあります。自尊心を失うと生きる力が弱まり、それだけ人間としての器が小さくなる。そのイライラを、暴力という形で子どもにぶつけているのです。
一通のメールが、そのことに気づかせてくれました。

＊

私はいま40歳で、高校生と中学生の娘がいます。娘たちが幼い頃に、夫と離婚しました。暴力がひどかったからです。それから、私はひとりで子どもたちを育ててきました。昼はスーパーでレジを打ち、夜はスナックを手伝い、子どもたちにはいつも寂しい思いをさせてきたと思います。それだけではなく、私は親として最低で、仕事で辛いことがあるたびに、娘たちを怒鳴ったり殴ったりしていました。そのせいか上の娘は、高校進学と同時に夜の世界に入りました。今夜も帰ってきません。退学になるのもおそらく時間の問題でしょう。水谷先生は大人たちを嫌っているそうですが、私もどうしようもない大人のひとりなんです。

でもね先生、娘を殴ったあとはいつも、死にたいくらい後悔しているんです。涙もあふれてきます。私は眠っている娘たちの頬をなでながら、心の中で「ごめんね、ごめんね」と言い続けてきました。私みたいなお母さんじゃなきゃよかったのにねって。

私は大人であり、親でもありますが、この先一体どうしたらいいのかわかりません。先生、教えてください。

*

私はすべての大人を一方的に敵とし憎むことで、つねに子どもたちと同じ目線で生きようとしてきました。しかしそれは果たして正しかったのでしょうか。

今の日本には、心に余裕のない大人がたくさんいます。余裕がないからこそ、より弱い立場である子どもを追い詰めてしまう。もちろん、本当にひどい大人もたくさんいます。でもそれ以上に多くの大人が、自分の過去に苦しみ、悩み、なんとか罪を償おうと必死になっている。そういう大人たちが本来持っているはずの優しさも、もっと子どもたちに伝えていくべきだったんじゃないかと、今では悔やんでいます。

私は夜回りを死ぬまで続けるつもりです。
しかしこの本は、「夜回り先生」の最後の一冊にしたいと思います。

15年間におよぶ活動の中、
子どもたちが私に求めてくれたのは、
ひとりの人間として当たり前の優しさでした。
私は子どもたちのそばに立ち、
一緒に悩んだり、泣いたり、喜んだりしました。

白木屋
びっくりドンキー

なにかしてもらったら必ず「ありがとう」と言い、
失敗したら必ず「ごめんね」と言いました。
でも、ただそれだけのことでした。
それをもし優しさというなら、
どんな大人でも、親も先生も誰だってできるはずです。

幸せはきっと、いますぐ隣にあるものなんです。
日本中の子どもたちがそのことに気づいてくれることを、
願ってやみません。

ごめんね。
つい叩いちゃって。
痛かったでしょ？

ごめんね。
あんなに怒鳴っちゃって。
つらかった?

ごめんね。
ひどいことさせちゃって。
嫌な思いしたよね。

ごめんね。
いつもひとりぼっちにして。
寂しかっただろうね。

ごめん、ね。

うん。でも大丈夫。

知ってるから。
きっとお母さんのほうがつらかったんだよね。

1

ミキ

みき

私は、15年前から夜回りを続けてきました。週末の繁華街を巡回し、風俗のチラシや看板を撤去しながら、街角にたむろする子どもたちに声をかけ、早く家に帰るようにお願いしています。

教員だった頃は放課後から、辞めた後は夜11時過ぎから夜回りをはじめています。夜回りは朝まで続けることもありますが、若者の姿がなくなれば早く帰ることもあります。ただ寒い冬の時期には必ず、終電の時間が過ぎた後、ラブホテルが集まる区域に足を運びます。

家に帰れなくなった少女たちが中年の男に誘われ、連れ込まれるのを防ぐためです。

これは私がまだ教員だった頃の話です。ある年の2月、深夜2時過ぎのことでした。

横浜駅近くのラブホテル街を、どう見ても中学生くらいの女の子が、私より年上に見える男と歩いていました。

「おいちょっと待て」彼らに声をかけると、中年男はびくっとしました。

「いいか。もしこの子を連れ込んだら、俺は朝までホテルの出口で待ってるからな、警察官と一緒に」

少女はそっぽを向きました。男の目はおびえていました。

「少女とそういう関係を持つことは、立派な性犯罪だ。暴行罪にもなる。一発で刑務所行きだ。さっさと帰れ」

私が一喝すると、男は足早に逃げ去りました。

「君は中学生だろう?」歩み寄ると、少女はいきなり私のすねを蹴飛ばし、私が痛さでしゃがんだスキに逃げようとしました。でもそれは無理でした。厚底のブーツではうまく走ることができず、すぐ私に追いつかれました。

ミキ、14歳。と彼女は名乗りました。学校に通っていれば中学2年生です。

ミキは精一杯大人ぶってはいたものの、化粧の仕方や、喋り方には幼さが残っていました。きつい目をして「くそじじい、ぶっ殺すぞ。てめえなんかこわかねえ。なんかしてみな。ただですむと思うなよ」と凄んだかと思うと、薄笑いを浮かべ「おやじ、からだ欲しいんだろう。ただでいいよ。ホテル入ろう」とすり寄り、私が苦笑いすると今度は「勘弁してよ、もうしないから。見逃して。いい子になるから」と泣くふりをします。

私はミキのコートの袖をつかんだまま、ただ黙って彼女の言うことを聞いていました。

「あんた、一体なにもん？」

「夜間高校の教員だよ。警察じゃない」

「なんだ。あせらせんなよ。じゃあ関係ねえじゃねえか、どっか行けよ」

「そうはいかないよ。俺はまず、君を保護者がいる家か、警察かどちらかに送らなきゃいけない」

ミキはふてくされた顔で「親なんかいねえよ」と吐き捨てました。哀しそうな、曇った目をしていました。この寒空の中、彼女はどんな思いで深夜の街を徘徊していたのでしょうか。身体の震えが、コートの先からも伝わってきました。

「お腹すいてるかい？　ファミレスでも行くか」

かなり遅い夕食でしたが、彼女はすごい数の料理を注文しました。ステーキ、スパゲッティー、鉄火丼……あとは覚えていませんが全部で5品、それから、季節のイチゴパフェ、飲み物はコーラとソーダとジュースをいっぺんに頼みました。

「おい、そんなに食ったら腹こわすぞ」

「いっぺんやってみたかったんだ。腹一杯いろんなもの食うの」

むさぼるように食べるミキの様子を、ただ眺めていました。

「でも、まじで、ステーキってうめえな」

私たちは、顔を見合わせて笑いました。


夜の仕事をする母親、そのヒモで、朝から酒を飲みパチンコをしながら過ごす父親との間にミキは生まれました。

父親からの嵐のような暴力の中で育ちました。彼女の記憶に残っている光景は、馬乗りになって母親を殴りつける父親の姿、そして「こんなガキ生みやがって」と娘に暴力をふるう父親から、背中を蹴られながらも必死にかばおうとする母親の姿だけだそうです。でも、ふたつだけ幸せな思い出があると言いました。

ひとつは、朝起きたときに母親が隣で寝ていてくれたこと。抱きつくと「ごめんね」といっておでこにキスをしてくれたそうです。もうひとつは母親が休みの日、二人で近くのラーメン屋やファミレスで食事をしたことでした。ミキはとても小さな体をしていましたが、それもおそらく幼い頃からずっとコンビニのお弁当か、カップラーメンだけで生活してきたからでしょう。

体が小さく、勉強も体育も苦手だった彼女は、小学校の頃から同級生に「亀子」と呼ばれて馬鹿にされ、嫌われ、避けられ、いつもひとりでぽつんとしていたそうです。

小学5年の時、彼女は児童相談所に預けられました。

「必ず迎えにくるからね」

ミキは施設の門のところまで見送り、遠ざかる母親の姿に何度も「早く帰ってきて」と声をかけたそうです。

はじめの頃はほとんど毎月、母親から手紙が届きました。しかし6年生になると、彼女の出した手紙は転居先不明で戻ってくるようになりました。

それから2年間ミキは母親を待ち続けましたが、なんの連絡もありませんでした。

母親が失踪したことを知ったミキは、夜の世界に入っていきました。施設からは何度も脱走し、夜の世界にたくさんの仲間を作りました。まだ小学生だった彼女を、彼らはとても大切にしてくれたそうです。

友だちの家を泊まり歩きました。お金がなくなると援助交際をして、本当に行くあてがなくなったときだけ施設に戻りました。シンナー、覚せい剤をはじめとしてありとあらゆるドラッグにも手を出しています。窃盗、万引き、恐喝などの犯罪も日常的になっていました。

やがて援助交際で知り合った、50代の独身男と同居するようになります。ミキは彼のことを〝オジサン〟と呼んでいました。その頃には完全に、施設や児童相談所との関係を絶っていました。

オジサンと、自称〝親子〟の奇妙な共同生活が始まりました。夜は仲間たちと遊び回り、お金が必要になれば援助交際をする。朝、家に帰ると、9時頃にオジサンが警備の仕事から戻ってくる。朝食はコンビニの弁当、昼は家で眠り、起きるとゲーム。オジサンが休みの日は、二人で旅行をしたり、ディズニーランドに行ったりして過ごしたそうです。

ミキの哀しいいきさつを聞いた後、私は警察の手を借りてこの〝オジサン〟を追い詰めようとしましたが、彼女は「やめて。オジサンは優しかった。本当に大切にしてくれた。自分の子どもみたいに大事にしてくれた。もし、オジサンを傷つけたら死んでやる」と泣きながら反対しました。

かといってそのまま帰すわけにもいかず、私はミキを自分の家に連れて帰ることにしました。

何日か一緒に生活し、少しだけ親しくなった頃、私はミキに提案してみました。

「なんでもしてあげる。いま一番してほしいことはなんだい？」

うーん、彼女はしばらく考えました。

「お母さんを捜してほしい。会いたい。ちゃんと聞きたい。私のことを捨てたのかどうか。それが一番」

「二番は？」

「先生の子どもにしてほしい」

私は「お母さんは必ず見つける」と約束しました。でも彼女を我が家で預かり続けることは、法律的にできないことを伝え、施設に戻ってもらいました。

「先生、必ず捜してね」

私は児童相談所に行き、事情を話しました。

担当者はとても優秀で、警察と連携を取りながらよく動き、わずか2ヵ月で母親の居場所と連絡先を突き止めてくれました。

母親は生まれ故郷である神戸にいたそうです。訪れた担当者が事情を話すと、泣いて謝ったと言います。

哀しいことに彼女は、神戸に戻ってからも再び夜の世界に身を投じ、そこで出会った男に生活を目茶苦茶にされていました。本当は生活が落ち着いたら、すぐ娘を迎えにいくつもりだったそうです。でもこんな母親ならいないほうがマシだろうと、一方的に娘との連絡を絶ち、酒におぼれ、その日暮らしの自堕落な生活を送っていました。

私は母親と電話で話し、今度、関西で講演をするときに会う約束をしました。そしてその後、児童相談所の担当者に「直接会って、きちんと母親の真意を聞くまでは、母親が見つかったことはミキに言わないでおいてほしい」と伝えました。

後日、駅近くの喫茶店でミキの母親と会いました。

母親は疲れ果てていました。なんの言い訳もせず、ただ涙ぐみながらずっと下を向いていました。私もかけるべき言葉が見つからず、黙っているしかありませんでした。

1時間近く経って、ようやく母親は口を開きました。

「先生、私はどうしたらいいんですか」

「どうしたいんですか」

「私だって母親です。もちろん……」

と言いかけて、彼女は一瞬ためらいました。

「もちろん？」

「娘と、娘と一緒に暮らしたい。幸せにしてやりたいです。でも、できないんです」

「なぜですか？」

「この年では仕事がありません。もう夜の商売でも雇ってもらえません。本当のことを言いますが、体を売らないともう街では稼げないんです。そんな母親が娘になにをしてあげられますか。娘にとって私はいないほうがいい。今となっては、もう取り返しがつかないんです」

今のことは、と私は言いました。

「今のことはどうでもいいんですよ。これから、あなたが、どうしたいかです」

母親はわっと泣き出しました。何人かの客がこちらを見ました。

「一緒に暮らしたいです。娘を忘れたことなんてありません。つらくてつらくて、ただ娘を捨てた自分が憎くて……」

私は深くうなずきました。ただそのひと言を、待っていたからです。

私は旅館を経営する知人に連絡し、ひとり従業員を雇ってもらうように頼みました。そこは関西の山の中にある大きな旅館で、近くには従業員用の寮もありました。いずれ娘と暮らすためのお金を貯めるには、最適な場所だと思いました。

母親はその旅館で新しい生活をはじめました。そして初日の夜、娘に手紙を書き、それを私の家に送ってくれました。

早速、その手紙を手渡すと、ミキは読んで聞かせてくれました。

〈ごめんなさい。本当にごめんねミキ。お母さんのことをどうか許してください。いつもミキのことを考えてました。でもこんなお母さんなんていないほうがいいって、自分に言い聞かせていました。許して。今お母さん一生懸命働いてます。もし許してくれるなら必ず迎えに行きます。待っててね。〉

ミキは涙ぐみ、この日から母子の細い糸がつながりました。


ミキは決心しました。中学校を卒業した後、旅館の隣町にある中華料理店をたずね、そこで住み込みで働きはじめます。定時制高校にも通い、母親とは週末に会いました。真面目に働き、勉強もしました。

しばらくすると電話の回数も減りました。たまに連絡をよこしても「米ねえよ。なんか食い物送ってくれ」とか「先生元気か？　あんまり仕事してハゲるなよ」とか、その程度のものでした。そんな日々が2年間くらい続きました。

ミキのことを少し心配していた頃でした。

突然、泣きながら電話をかけてきました。先生、先生、先生と彼女はひどい興奮状態でした。

「私、足切ることになっちゃった」

しばらく連絡のなかったミキは、いつの間にか仕事を変えていました。母親となるべく早く一緒に暮らしたい一心で、中華料理屋を辞め、より収入のいい引越し屋のアルバイトをはじめていたそうです。

彼女は小さい体にもかかわらず、男たちに負けじと、精一杯重い荷物を運んでいました。しかしそれはあまりにも無茶な行動だった。

彼女には無理でした。中学1年の時から2年間、覚せい剤を乱用していたからです。覚せい剤は恐ろしい薬物です。脳や神経系を、そして骨は中からぼろぼろにしていきます。彼女のひざはもう、きつい肉体労働には耐えられない状態になっていました。

酷使したことで、ひざの関節が中からつぶれました。それでも痛みに耐え、仕事を続けていたそうです。そのせいでひざの中が壊死《えし》してしまったのです。

私はすぐに関西に飛び、病院をたずねました。

久しぶりに会ったミキは、私の顔を見るとすぐに笑顔になりました。本当に優しい子でした。

「なんだよ先生、その暗い顔。足ぐらいたいしたことねえよ。べつに死ぬわけじゃねえし。それにな、オレは美人だから足ぐらいなくたって、いっぱい男が寄ってくるし。暗い顔すんじゃねえよ。オレも泣きたくなるだろ」

暗い顔すんな、と繰り返すミキの目には涙があふれていました。私はなにも言えず、ただ立ち尽くしすかありませんでした。

その数日後、ミキは両ひざから下を切断しました。

手術の前後、彼女がどんな状態だったのかは詳しく知りません。ただ母親からの知らせでは「手術室に入る直前まで、私を笑顔で励ましてくれた」ということでした。泣いてばかりいる母親に、私は何度も語りかけました。

「お母さん。もっとミキを大切にしましょう。これまで以上に」

ミキが手術後のリハビリをしている間、福祉事務所の人たちや、定時制高校の先生たちが力を貸してくれました。そのおかげでミキは生活保護を受けられるようになり、障害者用のアパートにも住めるようになりました。

ミキは本当に強い子でした。強がる子でした。「おい、水谷先生。足がねえと不便だぞ」「ところで、また米切れたよ。なんでもいい、食べるもの送ってくれよ」「寒くなるからなんかあったかい服が欲しい。ズボンはな、短パンでいいぞ。下はどうせいらねえんだから」

でも私は、ミキの精一杯の強がりを聞くたびにつらかったです。

クリスマスの日にミキと会いました。車椅子を押しながら、二人で浮き足立った夜の街をゆっくりデートしたのです。

「先生、いいだろ。若い娘とのデート」

私はミキにひざ掛けを贈り、ミキは私に毛糸のマフラーをくれました。偶然、どちらのプレゼントも色はブルーでした。趣味合うなあ、と言いながら、彼女はひざ掛けを広げながら喜んでくれました。

ミキは年明けの1月4日から、母親のいる旅館で暮らす予定になっていました。状況は変わったものの、ようやく希望が叶うときがきたんです。でもその日を間近にひかえた彼女は、なんだか不安そうでした。

「母さんに迷惑じゃねえかな。一緒じゃないほうが、母さん幸せなんじゃねえかな」

私は「こら」とミキの頭をこづきました。

「今さら心配するな。お母さんはその日が来ることをずっと待ってたんだから」

そうか、とミキは嬉しそうに笑いました。


年が明け、私は八ヶ岳で久々の休暇を過ごしていました。八ヶ岳は私が登山部の学生だった頃何度となく登っていた山で、青春時代の懐かしさも手伝ってか、日頃の疲れを忘れることができました。心が洗われる思いでした。

山を下りたのは1月4日のことです。横浜の自宅に帰る途中、電話が鳴りました。

ミキの母親からでした。

「先生」

「どうしました?」

「ミキが死にました」

「え?」

「今朝迎えにいったら冷たくなっていたんです」

頭の中が真っ白になりました。母親の声もまったく聞こえなくなりました。

まさか、と思いました。山の中では電波が届きません。だから携帯電話はずっと車の中に置いていたのです。

見れば、ミキから8件の着信履歴が残っていました。留守電にはミキの悲痛な声が入っていて、どれも「先生さびしいよ。どこいったの。さびしいよ」といった訴えの繰り返しでした。

ただ最後の1件だけ、他とは違う内容の言葉が残されていました。

ミキはしっかりした声で、自分の気持ちをこんなふうに話していました。

「先生、あした怖い。お母さんに迷惑かけそう。でもがんばる。絶対がんばるから。でも……でも、今夜だけはカンベンして。やっぱ不安。つらい。だからちょっと多めにクスリ飲んで寝るね。約束破っちゃうけど許してね。明日からは、いい子になるからね。おやすみ、先生」

結局、その睡眠薬が命取りになりました。彼女の、薬物乱用と手術で弱り切っていた心臓を止めてしまったのです。

私は「ごめん」と心の中でつぶやき、留守電をすべて消去しました。もはやなにも考えられませんでした。その晩はどうにもならず、ひとりで大酒を飲みました。

誰もが自分のやったことは償わなくてはいけません。
でも、償えないこともあります。
それは死です。
私は多くの子どもたちを見殺しにしてきました。
一体どうやって償えばいいのか。
それすらわからないまま、今も私は夜回りを続けているんです。

2

和解

わかい

深夜、ある少女から電話がかかってきました。今どき珍しく公衆電話からでした。

「○○先生知ってるか？　○○先生に電話しろって言われたんだ。あんた助けてくれんのかよ」

攻撃的な口調でしたが、私はつとめて冷静に答えました。

「悪いけど、他の人のことについては話せないんだ。それにその○○先生っていう人、ちょっと俺にはわからないな」

「ちっ、また嘘かよ……じゃ」

ちょっと待って、と私は言いました。

「なんで水谷に電話をしてきた？」

「なんでもねえよ」

「そりゃないだろ。せめて理由だけでも話してくれ」

彼女は高校1年で、今は精神病院に入院していると言いました。

生まれた頃から父親から猛烈な虐待を受けていて、母親が身を挺して守ってくれていたそうです。しかし彼女が中学2年のとき、母親はとうとう疲れ切ってしまいました。

「ごめんね、ごめんね」

泣きながら、娘の首を絞めたそうです。その直後に、母親も包丁で自分の首を切って死のうとしましたが、未遂に終わり警察に自首しました。さいわい、娘も一命を取りとめましたが、ひもの感触は今でも首のまわりに残っているということです。

父親は裁かれることなく、母親だけが刑務所に入り、娘は施設に預けられました。

その施設のある町の名前を聞き、私はようやく思い出しました。

数日前、その町で講演をおこなった後、中学の教員だと名乗る若い女性から「入院している自分の元教え子のために、ひとことメッセージを書いてほしい」と頼まれていたのです。私はその教員に名刺をさし出し、その教え子に渡してもらうようにお願いしました。

メッセージにはこう書きました。

〝過去は変えられない。今日から君は0歳だ。一緒に明日を作ろう〟

電話をもらった翌日から、その少女の生活を見守ることになりました。

彼女はリストカットがやめられず、施設と病院を往復していましたが、何度となく脱走し夜の街に逃げ込みました。でもそんなときはやっぱり寂しいのか、必ず私のところに一本電話をよこし、今居る場所をさりげなく教えてくれました。

「知らせてくれて、どうもありがとうございます」

迎えに行ってくれたのは中学時代の先生で、夜遅くの電話にもかかわらず、いつもすぐに対応してくれました。そのまま少女が入院したときも、毎日のようにベッドの横に付き添ってくれました。すでに彼女の担任ではないのに、どうしてそこまで熱心に対応してくれたのかわかりません。でも理由がないからこそ、少女はその先生の好意を素直に受け止めることができたのかもしれません。

急激な変化が訪れたのは、２年後の春のことでした。リストカットの習慣は止まり、施設を脱走することもなくなりました。高校にもきちんと通うようになりました。

「お母さんがもうすぐ刑務所から出所するんだ」

久しぶりに電話をくれた彼女は元気そうでした。

「首のひもとリストカットの痕って、消せるかなあ？　もし消せるなら消したいな。先生、治療代貸して。おねがい。絶対、働いて返すから」

「大丈夫。あわてなくてもいいよ」

それ以外にも、彼女はまだ悩み続けていました。本当に母親と一緒に暮らすべきなのか、それとも施設に居続けたほうがいいのか。

私は「君がしたいようすればいいんだよ」と言いました。「お母さんを許してもいいし、許さなくてもいい」精一杯、彼女のことを想って言ったつもりでした。

「ひどい」

そう言ったかと思うと、突然電話の向こうで泣きはじめました。

「先生ちっともわかってない。お母さんだって苦しかったんだよ。一緒にいたいから、一緒に死のうとしてくれたんだよ。それを許すとか許さないとか……、お母さんはなんにも悪くないんだから」

私はしまったと思いました。彼女には彼女なりの気持ちがあったのです。泣きやまない彼女に向かって、私は朝まで謝り続けました。


その後出所してきた母親と、少女はアパートで一緒に暮らしはじめました。

母親は、保護司から紹介されたクリーニング工場で一生懸命働き、少女は母親を支えるため、高校に許可をもらってバイトを探しはじめました。首のスカーフをはずせない、という事情があるせいか、なかなか雇ってくれるところは見つかりませんでしたが、私が中古車販売をしている知り合いに事情を話したところ、快く引き受けてくれることになりました。

用意してくれた仕事は、夕方から出勤し、展示している車をピカピカに磨くというものです。やりがいのある仕事だったんでしょう。働きはじめた彼女は、別人のように明るい顔になっていきました。

ある日、彼女の母親から電話がありました。娘との平凡な日常を、とても嬉しそうに話してくれました。

「私に今のような暮らしができるなんて……申し訳ない気持ちでいっぱいです」

「そんなことはないですよ」

「いえそうなんです。だから毎晩布団に入るたびに、先に眠っている娘をずっとなでているんです。髪とほっぺ、それから私が首につけてしまったひどい傷跡を。ごめんね、ごめんねって言いながら」

母親の言葉を聞きながら、私は「先生ちっともわかってない！」と言った少女の言葉を思い出しました。私はいつでも子どもの側に立ち、親をはじめとする大人たちと向かい、必要があればお互いを引き離そうとしてきました。でもそこには、私の思い過ごしもあったのかもしれない。親子のつながりの強さを痛感しました。子どもはかたくなに信じようとするんです。どんな仕打ちを受けても、そこにはまだ愛情が存在していることを。

「娘がやっと言ってくれたんです」

母親は泣き出しました。

「もう恥ずかしくないって。学校に行くとき、首のスカーフをはずしてくれました」

それから何度も「あの娘が生きていてくれてよかった」と繰り返していました。

過去はなくせないし、変えることもできません。でも「ごめんね」という気持ちと言葉さえあれば、もう過去のことに苦しみ続けなくていいんです。

3

妊娠

にんしん

夏休み、お盆の頃に1通の分厚い手紙が届きました。

差出人はある大学の助教授で、妻と息子、娘2人がいる5人家族の主でした。

彼は子どもの教育に熱心で、長男と長女はそれぞれ名門の中学校、高校、国立大に進学させたそうです。

しかし次女だけは、父親の望みどおりになりませんでした。次女は小学校の頃からいつも上の二人の子どもと成績を比べられ、べそをかいていたそうです。父親からは猛勉強を強いられていましたが、目標だった私立中学の受験には失敗。公立に進学してからは荒れに荒れて、夜の世界にどっぷり浸かってしまいました。

その頃には、もう手のつけようがなかったそうです。ひと言でもなにか言おうとすれば、大きな声で家族をののしり、家にあるものを手当たり次第、破壊しました。

父親のつてでなんとか高校には進学できましたが、すぐに彼氏ができて、その彼氏の家に棲みつくようになります。さらに高校を1年で中退すると、ほとんど自宅にも帰らなくなりました。そんな経緯から、父母ともにその次女の将来をあきらめていたそうです。

そんなある日、次女は家に彼氏を連れてきました。そして突然「妊娠してる」と言ったそうです。

「彼のことが好きだし、彼も私のことを大事にしてくれている。だから結婚を認めてほしい」

父親は激怒しました。

「お前たちみたいな半端者に、家庭なんて作れない。ましてや親になることなんて、できるわけがない」そして18歳だという彼氏に「子どもは堕ろすように。そして娘とは別れるように」と迫りました。

「一生懸命、がんばります。ちゃんと働いてお嬢さんと子どもを幸せにします」

彼氏は必死に頼みましたが、父親は聞く耳を持たず「もう一度でも、娘と会ったら警察に突き出してやる」と言い捨て彼氏だけを追い返し、娘を部屋に閉じ込めました。傷ついた娘はその晩、部屋の中で手首を切り、多量の薬物を飲んでしまいました。

さいわい一命は取りとめたそうです。しかし退院すると、そのまますぐに彼のもとへ行きました。

〈もうどうしていいかわかりません。先生から娘を説得してもらえませんか。子どもを堕ろして、家に戻ってくるように〉

私は悩みました。この父親はどうでもいい。私にとって大事なのは娘さんのほうだったからです。彼女が恋人のところにいてくれる以上安心だし、問題ないと思いました。私が行動を起こす理由はありません。

ただ、ひと言だけ伝えておこうと思い電話しました。

父親は焦っていました。

「先生、ずっと電話待ってました。急がないと娘が中絶できなくなります。娘の携帯番号を教えますから、先生から説得してください、ええといいですか」

「待ってください」話をさえぎりました。

「電話したのは、あなたのためではありません。まずは聞きたい。あなたにとって、一体なにが大切なんでしょうか？」

「どういうことでしょうか？」

「あなたは、今までずっとお嬢さんを追い詰めてきた。成績や進学、将来のこと、どれもあなたの希望を一方的に押しつけていたんじゃないですか？」

「たしかにそうですが、それは娘のことを思ったからです」

「でも、結果的にあなたはお嬢さんを追い込んでいます。非行の道に進ませ

「それは……そうかもしれませんが」

「そんなあなたに対しても、生まれてくる赤ん坊の命を大切にしたくて、ちゃんと結婚を認めてもらおうと、彼氏と二人でわざわざ会いにきたんじゃないですか。彼も偉いもんです。逃げなかった。よほどお嬢さんを好きなんでしょう。でもあなたは、二人の話すら聞こうとしなかった」

彼はため息をつきました。

「あんな、まだ幼い二人が、ろくな定職すら持ってない男が、親になんかなれるはずがないじゃないですか」

「いいですか」私はつとめて冷静に言いました。

「もう一度聞きたい。あなたにとって一番大切なのはなんですか？ お嬢さんの命、それからお嬢さんの子ども、つまりあなたの孫の命じゃないですか？」

「……じゃあ、私はどうすればいいんですか？」

「二人の生活については、あなたがしばらくの間、少しでも支えてあげればいいじゃないですか。お願いです。命を守ってあげてください。生まれてくる子がみんなに祝福されるように、たくさんの愛情の中で育てられるように支えてあげてください」

彼は、黙っていました。

「まずは、奥さんと二人で、お嬢さんがいる彼の家に行ってください。そしてただ一言〝これまでのことは本当にごめん。すべて認める〟そう言ってあげてください」

彼はひと晩悩んだ末、娘たちが住むアパートを訪れたそうです。なかなか険しい表情を崩すことはできませんでした。言い方もかなり乱暴になってしまったと言います。それでも娘にちゃんと「認める」と伝えられたそうです。

そして、当分の間は部屋代と多少の生活費、それと生まれてくる子どもにかかるすべてのお金の面倒をみることを約束してくれました。娘もふてくされていましたが、ちゃんと「ありがとう」と言ったそうです。

その後すぐ夫は引越し屋に就職し、妻は大きなおなかを抱えながら家を守りました。母親は娘のことが心配で毎日訪れ、ご飯の炊き方や掃除、洗濯の仕方などを一から教えたそうです。母親は今まで娘にしてきたことを悔やんでいました。その気持ちが伝わっていくにつれて、ゆっくりですが、母子の関係は回復していきました。

その一方で、父親は決して娘と会おうとしませんでした。たまに娘が家に来ても、すぐ書斎に逃げ込んでしまったそうです。娘たちのことを認めなくてはいけない。そう頭ではわかっていても、なかなか態度に表せなかったそうです。

3月、ちょうどひな祭りが終わった頃のことでした。

父親からふたたび電話が来ました。

「娘が出産しました。女の子を産みました」

「そうですか、それはおめでとうございます」私の胸に温かいものがこみ上げました。

「私はもう少しで、大切な命を失うところでした。しかも自分と血のつながった。孫の姿を見て、まるで目が覚めたようです。私は学歴とか地位が、娘の幸せになると本気で信じてきました。でも全然違うんです。今はよくわかります。まずは生きていてくれればいい。笑顔で生きていてくれれば、それが最高の幸せなんだって。娘は今、最高の笑顔で赤ちゃんを抱いています」

でも私はまだ赤ちゃんを抱かせてもらえないんです、と言って苦笑しました。

私は心を込めて言いました。

「大丈夫。いつかきっとお嬢さんに〝認める〟って言ってもらえますよ」

幸せは人によって、また時によって変わります。多くの親たちは、自分の価値観を子どもに押しつけてしまう。しかし子どもの人生は、その子どもひとりだけのものです。子ども自身が自分の力で、自分にとってなにが幸せかを考えるんです。それを見つけた瞬間、子どもはとびきりの笑顔を見せてくれます。それは大人たちに「本当に大切なこと」を思い出させてくれる笑顔です。

4

親への愛

おやへのあい

数年前の春、福岡で18歳になったばかりだという少女と出会いました。

私は講演を終えた後、夜11時から繁華街の親富孝通りで夜回りをはじめ、天神、大名と回り、最後に警固公園をひと回りしてホテルに戻るところでした。深夜2時くらいでしょうか。公園の一番奥にあるベンチで、ひとりの少女が泣いていました。

「どうしたの？」近づいて彼女の前でしゃがみました。

すると彼女は一度逃げようとしましたが、そんな気力もないのか、あきらめて肩を落としました。見ればマスカラが涙で流れ落ち、口のはしが切れ、頬が赤くはれ上がっています。また顔全体に薬物乱用者特有の影がさしていました。

「落ち着いて、変な人間じゃないよ」

そう言うと、彼女は私の顔をじっと見つめ、倒れるように抱きついてきました。そしてそのまま肩を震わせました。

私たちは近くのファミレスに入り、一番奥の人目のつかない席に座りました。

彼女はずっと唇をかんだままでした。「なんか食べるか？」と聞いてもぼんやり首を横に振るだけです。不審そうな表情でこちらを見ていた従業員に声をかけ、コーヒーとオレンジジュースを注文しました。

「水谷のこと、知ってたんだね」

少女は小さくうなずきました。

「じゃあ、話してくれるかい君のこと。なんで泣いてたのか。それに、ごめんね、たぶん君は覚せい剤を使ってる。そのことも」

少女は眉間を寄せた後、深くうなずきました。

彼女は板前見習の父親と、夜クラブで働く母親との間に生まれました。ずっと目に焼きついているのは、酒で酔いつぶれ朝だらしなく眠っている母親の姿と、幼い自分にご飯を食べさせてくれた父親の姿だそうです。

彼女にとって父親は温かい存在でした。仕事に行く前はいつも公園で遊んでくれたし、いっぱい撫でたり、頬ずりもしてくれたそうです。

一方で母親はとても怖い存在でした。父親が出かけた後、さびしくて泣くと、母親は狭いアパートの中で怒鳴ったり、ぶったり、部屋からつまみ出そうとしました。

夕方になると、託児所に預けられました。迎えにきてくれるのは、いつも父親のほうだったそうです。帰り道、父親の大きな背中でうとうとしながら、彼女はそこだけの幸せを感じていました。

彼女が小学生のときに、母親は身体をこわし、夜の仕事を辞めました。

それからの日々は、彼女にとって最悪でした。母親は酒とパチンコに狂いました。酒がなくなれば小学生の彼女に「酒を買ってこい」と暴れ、パチンコで負けて帰ると彼女に八つ当たりするようになりました。

あげくの果てに母親はパチンコで数百万円という借金を作り、完全なアルコール依存症になってしまったそうです。そんな母親の状態を見て、父親は母親を病院に預け、そして離婚したのです。

それから父親は娘を引き取り、一緒に暮らそうと努力をしました。でも残念ながらそれは認められず、彼女は児童相談所の手配で施設に入ることになりました。

実は彼女にとって、施設での生活は決してつらくなかったそうです。父親はしょっちゅう施設に顔を出し、娘のためにお菓子やプレゼントを置いていってくれたし、年齢さまざまな子どもたちはみんな彼女の友だちになりました。

でも学校生活がうまくいかなかったようです。同級生からは「施設の子」という差別を受けていじめられ、参観日には親が来ないさびしさを感じました。そのさびしさをまぎらわせるように、彼女は施設の仲間たちと一緒に、夜遊びにはまっていきます。

そして中学2年の時、父親が別の人と再婚しました。同時にぱったりと施設に来なくなりました。彼女は深く傷つきました。そして失った心の支えを求めるように、なかば自暴自棄の状態で、夜の世界にのめり込みました。すぐに援助交際をはじめ、中年男から財布を盗むことを覚えました。何度か警察に逮捕されて、鑑別所にも入りました。

やがて中学を卒業する頃になると、施設の職員から選択を迫られました。これから別の施設に入って働くか、あるいは里親のもとで生活してみるか。すでに施設での生活に嫌気がさしていた彼女は、今の自分を変えてくれるきっかけを求め、里親と暮らす道を選んだそうです。

実際、面会した夫婦はとても優しそうな人で、彼女は里親との生活に大きな期待を寄せました。

ところが、この選択が大きな誤りでした。彼女には責任はありません。ろくに調べなかった施設の怠慢です。

この夫婦は二人そろって覚せい剤の乱用者でした。里親を申し出たのは、彼女に夜の仕事をさせて、薬物を買うお金を手に入れるためだったのです。

一緒に暮らしはじめるとすぐ、彼女は七隈という街にある暴力団系のキャッチバーで働かされるようになりました。仕事は簡単です。露出度の高い服を着て街に立ち、酔っ払いを店に呼び込んで強引に酒を飲ませるだけ。あとはボーイが多額のお金を請求し、店からたたき出すことになっていました。

しかしどうしても心はすさみます。彼女はそんな暮らしの中で、酒と覚せい剤に癒しを求めました。覚せい剤を売っていたのは里親で、それも法外な値段でした。

それでなくとも、彼女は稼いだお金のほとんどを「将来のために貯金しておく」と言って里親に取られていたのです。

彼女はキャッチバーで働いても働いてもお金がありませんでした。そこでお小遣い欲しさに、ふたたび援助交際をはじめました。

キャッチバーは、勤めて1年経った頃に警察の手入れを受けたそうです。しかしさいわいその日、体調が悪かった彼女は店を休んでいて、警察には捕まりませんでした。

彼女は精神的に強くなっていました。キャッチバーのしがらみから解かれたこともあり、彼女は里親の家を飛び出して、街で知り合ったいろんな男たちの家を渡り歩きながら生活するようになります。でも、どうしても里親との関係は切れません。覚せい剤が欲しかったからです。


そんなある日、彼女は天神でナンパした男とラブホテルに入りました。

男がシャワーを浴びている間に、上着に入っていた財布を抜き取って逃げようとしました。が、そこを運悪く見つかってしまい、その後さんざんののしられ、殴られ、目茶苦茶に乱暴されました。

もうつらくて、自分が情けなくて、ふらふらと公園にたどりつき、ひたすら泣いていると、そこをたまたま私が通りかかったというわけです。

私は彼女に聞きました。

「君はどうしたい？　今の生活を変えたいの？」

彼女はうなずきました。いい目でした。

「君は被害者だ。水谷が必ず守る」

彼女は警察に事情をすべて話してくれました。そして私が紹介した薬物依存症治療の専門病院に入院することになりました。彼女を長年苦しめていた里親はすぐに逮捕されました。

彼女が入院してちょうど半年後、ふたたび福岡で講演をおこなうことになりました。その当日のことです。彼女の主治医から「水谷さん、彼女が病院を脱走した」という電話がかかってきました。

「あんたの講演があるって病院で話題になってたから、もしかしたら、そっちに向かったかもしれない。見かけたら身柄を確保してほしい」

私は心配になって、早めに講演会場に行くことにしました。


会場に着くと、彼女は入り口の階段に座り込んでいました。足元は病院のスリッパで、眠そうな目をジャージの袖でこすっています。

「お、いたな」

声をかけると、嬉しそうな顔をして駆け寄ってきました。

「先生の講演、一度聞きたかったんだ。許してくれるよね。これから病院でもっとがんばるから」

「もちろん、いいさ」私は笑いました。

「でも、別にがんばらなくてもいいんだよ、のんびりで。人生長いんだ。水谷はいつでもついてるから」

「ありがとう」

講演を聴いた後、彼女は約束どおり病院にまっすぐ帰りました。


真面目に治療を受けていた彼女は半年後、無事に退院し、生活保護を受けながら、ひとり暮らしをはじめます。

私は彼女のアパートの部屋をたずねました。そこは実に女の子らしい部屋で、ベッドのまわりには数えきれないほどのぬいぐるみが飾ってありました。

「昔の施設の仲間がお祝いに持ってきてくれたんだ」

彼女はぬいぐるみの名前を一つひとつ教えてくれました。


でもはじめてのひとり暮らしがよほどさびしかったのでしょう。

「まだ早い。過去のことは一度忘れて、今のことを考えよう」

私は何度も止めていました。

しかしこらえきれなかったのか、彼女は実の両親と連絡を取り合ったのです。

父親はすぐにアパートにやってきました。

そして畳に頭をこすりつけ、何度も何度も彼女に謝りました。そして彼女に毎月少しずつお金を送ることを約束しました。

でもそれ以上に嬉しかったのは、また昔のように月に一度の日曜日、大好きな父親と二人で出かけられるようになったことだそうです。

「先生、今日は父さんと車で水族館に行ったんだ。楽しかった」

母親は違いました。彼女が連絡をしてしばらく経った後、突然アパートにやってきて娘にお金をせびりました。まだアルコール漬けの生活を送っていたのです。それ以来ちょくちょく現れては、お金の無心をするようになりました。

「でも先生、母さんもつらいんだよひとりで。カレーうどん作ってあげたらすごく喜んでた。いつか母さん、絶対いい人になるから」

私はなにも言い返せませんでした。心配は心配でしたが、それでも親子の関係です。いつか母親にも彼女の優しさが通じるかもしれないと、淡い期待を寄せることにしました。


でもある日、悲劇は起こってしまいました。

彼女がアルバイトからいつもより早めに家に帰ると、なぜかアパートの鍵が開いていたそうです。そうっと中に入ると、母親の背中があり、彼女は引き出しの中を漁っていました。彼女が必死に貯めていたお金を持ち逃げしようとしていたのです。

「やめて、母さん」

彼女の存在に気づくと、母親はいきなり逆上しました。

「お前の金は、私のものなんだ。私の子なんだから」

「そんな。それは本当に大事なお金なんだよ」

「うるさい。だまれ」

母親がお金を持って部屋を出ようとしたとき、彼女はとっさにワインかビールかの空き瓶をつかんで、母親の後頭部を殴ってしまいました。

きっと流血がすごかったんだと思います。

私のところに電話をかけてきたとき、彼女は「母さん殺しちゃった、殺しちゃった」と叫び続けていました。


今も彼女はひとり暮らしをしていて、さびしくなると私に電話をかけてきます。まだ覚せい剤の後遺症に苦しんでいるようで、毎日働くことはできませんが、なんとか少しずつ働く時間を増やしているそうです。

父親は事件の後、彼女に「一緒に暮らさないか」と言ってくれたそうです。今の奥さんを説得してくれたのでしょう。その言葉を聞いて彼女は本当に嬉しかったそうですが、その言葉だけで十分だと言いました。

「それよりまずは、一日も早く生活保護から自立したいから」

彼女は「いつか父親にお小遣いをあげること」を目標にしていました。それくらい自分にゆとりが出てきたら、また一緒に暮らせるかもしれない。そのためにも、ひとりでやれるところまでやりたいそうです。

さいわい母親の傷は軽く、警察も事情を理解し、事態をまるく収めてくれました。

その後、母親はもう彼女のところには現れなくなりましたが、いまだに生活保護を受け、酒びたりの生活を送っているようです。先が見えません。そんな母親の生き方を、彼女はいつか自分の手で変えたいとも言っていました。

彼女は、両親のことも、里親のこともまったく恨んでいません。ひと言も誰かの悪口を言ったりしないんです。私はそんな彼女が大好きですが、「あんまり無理するな」と言っています。ゆっくりだよ、焦るんじゃないよと。

5

友だち

ともだち

沖縄に住む、中学3年の少女から嬉しいメールが届きました。
〈はじめて友だちができたみたい。幸せです〉

彼女は内気な性格で、友だちがいなくて、いつも休み時間になると教室のすみでひとりぼっちで過ごしていたそうです。中学1年のとき、女子の誰かが「あの子、暗いし、なんかうざい」と言ったひと言にショックを受け、それから学校に通えなくなってしまいました。

彼女とは講演会で知り合いました。楽屋口で、お母さんと二人で待っていてくれた彼女は、私にきれいな小さい花束をくれました。

「ありがとう」しゃがんでその花束を受け取ると、少女は手に持っていた本をおそるおそる差し出し「サインしてください」と言いました。そばにいたお母さんは笑いました。

「この子はずっと、先生の講演を楽しみにしていたんです」

少女は可愛らしく、お母さんはとても優しそうな人でした。

「いつも娘には〝いいよ無理に学校なんて行かなくても。私と二人でゆっくり生きていこうね〟って言ってるんです」

少女は笑顔でうなずきました。

その後も、私は何度か少女とメールでやり取りをしました。

彼女は母親に教わりながら、掃除、洗濯、料理を手伝っているそうです。

私が〈ナーベラーが大好きなんだ〉とメールに書くと、〈じゃあ私の作ったナーベラー絶対食べてね。沖縄で一番だから〉という返事が来ました。

お母さんは夜の仕事をしていたので、毎日お母さんの帰りを待ち、いつも一緒に遅い夕食を食べていました。そして一緒にお風呂に入り、同じ布団でお母さんにしがみついて寝ました。お母さんは毎日５００円のお小遣いをくれて、娘はそのお金をすべて貯金箱に入れていました。いつかお母さんと旅行をするためです。

お母さんが休みの日には二人で街に出かけ、買い物をしたり、映画を観たり、レストランで食事をします。母親と一緒に過ごす時間が、なによりの幸せだそうです。

少女はなんとしても、お母さんのためにも、早く学校に行けるようにとがんばっていました。毎朝、お母さんが仕事に出る時間にはちゃんと制服を着て、勉強の用意までしていました。でもいつも直前になるとおなかが痛くなってしまい、なかなか家から出ることができませんでした。

そこで私はお母さんに知り合いの精神科医を紹介し、少女に治療を受けさせるようにすすめました。

翌年の夏休みシーズン、母子ははじめて本州の地を踏みます。少女が貯金していたお金と、お母さんが積み立てていたお金を合わせ、二人の長年の夢だった東京ディズニーランドにやってきたのです。

私もディズニーランドに訪れるのははじめての経験でした。一緒に歩いていると時々まわりの客が「夜回り先生、がんばってください。今日は家族サービスですか?」と声をかけてきて、ちょっと照れくさい思いをしました。

そして9月から、彼女は勇気を出して中学校に通いはじめました。彼女には作戦がありました。それは1冊本を持って学校に行き、朝7時半に教室に入ることです。みんなの机を丁寧にぞうきんでふき、ちりとりとほうきを持って教室中をきれいに掃きました。掃除に関しては、お母さんからコツを教わっているのでお手のものです。それが終わったら、自分の席で静かに本を読みます。休み時間も本を読む。ひとりがつらいときは、とにかく本を読む。

そんな一日一日を重ねました。目標はがんばって学校に通って、定時制高校に進学することです。

そして、ある日事件が起こりました。

彼女が朝ひとりで教室の机をふいていたら、同級生の何人かが教室に入ってきました。登校するには早過ぎる時間です。嫌な予感がして、少女は緊張しうずくまりました。ひとりの女子が「あ」と言ったとき、思わず身震いがしました。

「手伝うよー」

え、彼女は驚いて顔を上げました。

「いつもありがとね。今日はみんなで手伝おうってことになったの。ずっと知ってたんだけど……今までなんにもしてあげられなくて、ごめん」

彼女は胸がいっぱいになり「うん」と答えるだけで精一杯でした。

〈先生、はじめて友だちができたみたい。幸せです〉

そのメールを読んだとき、私は思わず涙ぐんでしまいました。

まわりへのひたむきな優しさが、その優しさを受け止める勇気が、ひとりの子どもの明日を開きました。ほんのささいな出来事かもしれません。でもこのささいなことが、いつまでもずっと、人の心を温かくし続けるんです。

6

末路

まつろ

カズシは、恐ろしい生徒でした。

決して喧嘩が強かったわけではありません。また人望を集めて、仲間を引っぱっていくタイプでもありませんでした。それでも彼はつねに横浜最強といわれる男を従わせ、肩をいからせながら夜の繁華街を歩いていました。私が知っている中でも、彼はずば抜けて賢い子どもだったのです。


カズシの父親は高校教師でした。テストの点が悪ければ息子を殴り、嘘をつけば一晩中家から閉め出すほど厳格な父親だったと言います。

彼は父親に気に入られようと必死でしたが、あるときこう言われました。

「お前みたいにデキの悪いヤツは、俺の子じゃない。もう好きにしろ。ただし俺の顔には絶対に泥をぬるな」

家を追い出されたのは、中学2年のときだそうです。

その日を境に彼はまともな生活を捨て、恐喝、窃盗、売春あっせんと数々の悪事を働くようになりました。

ただ不良としての勘が良かったので、警察には捕まったことは一度もありません。犯罪に自分では直接手を出さず、必ず他の仲間にやらせていたようです。また目をつけられないように、学校の先輩や暴力団系の人間には、きちんと稼いだお金の一部を渡していました。実にうまく立ち回りました。その結果、彼は中学生にもかかわらず、月に何十万円というお金を手にしていたそうです。


そんな彼が高校に入り、何度か転校した末、当時私がいた夜間高校に入学してきました。そのとき彼はすでに高校4年生でした。

カズシはやってきてすぐ校内で幅をきかせ、生徒の大半が彼を恐れました。もともと学校を仕切っていたグループも、彼とは五分の立場で話しました。バックに暴力団がついていることを、誰もが知っていたからです。

学校を移っても彼の態度は変わりません。授業が終われば繁華街に出かけ、たむろし、街で遊んでいる中高生の少女たちに声をかけました。捕まえて、脅して、暴力団系の店で働かせるためです。まとまった斡旋料を手にしたときは、仲間たちに気前よくおごっていました。

夜の街角で、学校の研究室で、私は何度も彼と話し合いました。

「お前、夜の街でいろいろ悪さしてないか？」

「うっせえんだよ。俺がなんかやったか？　証拠見せてみろよ」

いくら問いただしても聞く耳を持ってくれません。そして話し合いの最後には、いつも同じ文句を吐きました。

「てめえ、いつまでもいい気になってんじゃねえぞ。街で夜回りなんてしてやがったら、いずれその筋にぶっ殺されっからな。オモリと一緒に東京湾よ」

もちろんカズシの知らないところでも、私は彼の動きをいろいろ調べていました。しかし彼は、学校内で一切ボロを出さなかったし、彼とかかわっている女子生徒たちも事情を話してくれませんでした。それだけ恐れられていたのでしょう。

そして知り合って1年、カズシは見事に卒業していきました。紫のスーツと黒いマフラーに身を包んだ彼は、卒業式の後、仲間を引き連れ意気揚々と学校を去っていきました。

私はその背中に声をかけました。

「お前のほうが危ない。いい気になるんじゃないぞ。夜の世界をなめるんじゃないぞ」

その後、彼はより効率よく稼ぐため、暴力団が経営するボーイズバーの店長になります。夜の街で引っ掛けた少女を風俗で働かせ、その店で彼女たちが稼いだお金を、また自分の店でしぼり取るという手口でした。また店の従業員のほとんどは、私の学校の生徒たちを使っていました。実に汚い商売をしていました。

なんとしてもカズシを追い詰め、警察の手に渡さなければ。

そう思って動きましたが、全然思うようにはならなかった。彼の近くにいる誰もが、決して口を割らなかったからです。カズシは横浜の繁華街を、絶対的な恐怖で支配していました。それどころか彼はどんどん手を広げ、わずか1年足らずで小さいソープランドとボーイズバーを、そして右翼の政治結社と称する組織を運営するようになっていました。暴力団にも入りました。しかもいきなり幹部扱いです。

しかしその年の暮れに、私はとうとう彼を追い詰めました。

きっかけは、ある女子生徒からの相談でした。彼女は私がずっと高校に戻るように説得を続けていた、女子グループのひとりでした。

夜、街を歩いていた彼女たちは、カズシにナンパされて、彼の店に行きました。そこで酒を飲まされ、さんざん酔わされて、朝方にお金を支払おうとすると、何十万円という金額を請求されました。

もちろん彼女たちには払えない。そのかわりに暴行されました。ソープランドで働くように迫られ、断れば「ただじゃ済まない」と脅されました。

そんな彼女たちのひとりが、私をたずねてきたのです。

すぐに彼女を説得しました。彼女たちの身の安全は必ず守る、そのかわりまずはその事実を親に伝えること。そして一緒に警察に訴えるようにと。

カズシは数日後、仲間たちとともに逮捕されました。

出頭するとき、彼は左手を包帯でぐるぐる巻きにした状態で現れました。小指の先を落とされていたのです。カズシが乱暴した少女のひとりが、暴力団関係者の娘だったそうです。

もちろん組からは破門され、経営する店も奪われ、政治結社も解散しました。

あっという間に、彼は完全に夜の世界から捨てられたのです。

私は留置所にいる彼に何度か面会を申し込んだものの、すべて拒否されました。裁判では懲役3年の刑が言い渡され、服役したそうですが、その後の彼について知ることはできませんでした。


これはつい先日の出来事です。

私は久しぶりに横浜の街を夜回りしていました。

運河沿いの陸橋の下は、外国人の売人たちがブツを隠す場所です。奥まで入り込んで探し回っていると、若い男が段ボールの上で横になっていました。

ぼろぼろの服を着たその男と目が合い、私が刑務所に追い込んだ男だとわかりました。彼もすぐに私だと気づき、顔をそむけました。

「おい、昼の世界に戻らないか」

「うるせえ、あっち行け」

「もういいんだよ。過ぎたことは」

彼は背中を向けたままでした。私はカズシのそばに名刺を置き、「連絡するんだぞ」と言い残してその場を離れました。

しかし彼からの連絡はありませんでした。翌週また同じ場所を訪れたときには、もう姿がなくなっていました。

子どもは、不完全な存在です。だから失敗をする。悪さもすれば、問題も起こします。私はいつも言います。過去は変えられない。でも今日から生まれ変われると。そのかわり、自分がしてしまった過ちから逃げないこと。きちんと始末をすること。償うこと。

私は今でも、カズシからの連絡を待っています。

7

財布《さいふ》

2002年の冬、私がまだ夜間高校の教員だったときのことでした。

体育の時間の後にその事件は起こりました。着替えのとき、ある女子生徒が教室の机に置き忘れた財布がなくなったのです。高級なイタリア製の財布で、中にはもらったばかりのバイトの給料2万円が入っていたそうです。教室は大騒ぎになりました。

ひとりの男子生徒が、職員室にいる私のところにやってきてそのことを教えてくれました。礼を言って席を立つと、彼は言いにくそうに付け加えました。

「先生、悪いけど……俺、犯人知ってるんだ。たまたま見ちゃったんだよ。財布を盗るところ」

名前を聞いて「しまった」と思いました。その犯人だと言われた生徒は、母親と二人暮らしで生活保護を受けていたのです。母親は長い入院生活を送っていました。

たのむ、私は男子生徒に頭を下げました。「先生がすべてきちんと始末をつけるから、このことは誰にも言わないでくれ」

放課後、私は生徒全員を教室に集めました。

事件のあらましを伝えた後、「今回の事件は、誰が悪いと思う?」とたずねました。

「盗ったやつ」「ドロボウ」「盗られたやつ」「世の中、社会」

生徒たちは口々に、自分の意見を言います。

「違う」私はすぐに否定しました。

「お前たち、誰が悪いかもわからないのか?」

教室中ががやがやしはじめました。おっしゃってる意味がよくわかりません、と誰かがふざけ、失笑が起こりました。私は胸の上に手を当てました。

「水谷だよ、水谷が悪い。ほら教室の入り口のこの札を見てごらん。なんて書いてある。〝管理責任者水谷修〟と書いてあるだろう。水谷には担任として、生徒の貴重品を管理する義務がある。体育の時間なら、ちゃんと体育の先生に預けるように指導しなきゃいけない。でもいい加減だった。4月から一度もみんなに指導していなかったし、そのせいでこんな事件が起きてしまった。ごめん」

私が頭を下げると、教室がふたたびがやがやしはじめました。財布を盗られた生徒をはじめ、何人かは不満そうな顔をしました。

「みんなには恥ずかしいんだが、水谷の財布には千円ぐらいしか入ってなくて」上着のポケットから封筒を取り出しました。「校長先生と副校長先生にお金を借りた。ここに5万円入ってる。これで勘弁してくれないか」封筒を女子生徒の机の上に置きました。

「先生、納得できねえっすよ」

さっきの男子生徒が立ち上がりました。「言ったじゃないっすか。○○さんが盗るの見たって。こんなのおかしくないですか？」

周囲はしんと静まりかえり、名指しされた女子生徒がわっと泣き出しました。

とてもまずいことになりました。

「ごめんごめん。そうだったな」

私は泣き伏せている女子生徒をしばらく見やった後、言いました。

「ここでは彼女に聞けないから、向こうの教室で聞いてくる。みんな静かに待っていてくれ」

両手で顔を覆う彼女を連れ、私は長い廊下を歩きはじめました。ここで振り向いて「お前だな」と言えば、「ごめんなさい」と言ってくれることはわかっていました。彼女がしっかりと抱きしめているザックの中に財布とお金が入っているだろうことも、想像がついていました。

私は彼女より先に教室に入り、彼女が入るのと同時にドアを閉めました。

そして、振り返りざまに「ごめん」と言いました。

「お前じゃない。わかってるよ。いい財布だなって、手にとって見ただけだよな。先生のことも、みんなのことも許してくれな」

彼女は何かを言おうとしましたが、私はかまわず続けました。

「今夜もお母さんの病院に、洗濯物取りに行くんだろ？」

そう言うと、彼女は恥ずかしそうにうなずきました。

「明日、お母さんの病院に久しぶりにお見舞いに行くよ。田舎の山形から、美味しいリンゴが届いてる。持って行くからね」

いい財布だから、いつか欲しいと思って、彼女は手に取った。でもちゃんと戻した。そう信じたい。みんなにも信じてほしい。私は教室の生徒たちに話しました。

「もうこんな嫌な思いはごめんだ。悪いけど今回のことは、これで終わりにしてくれないか」

それから1年経ち、卒業式を迎えました。

夜間高校の卒業式には、特に意義深いものを感じます。

どの子にとっても、卒業までの苦労は並大抵のものではありません。おそらく同世代の子どもたちには想像できないほど、心身ともに厳しい4年間だと思います。

だからどうしても胸にはこみ上げるものがあります。つっぱり通した生徒も、働きづめだった生徒も、彼らを送り出す私たち教員も、みんな目に涙をためていました。

生徒一人ひとりを心を込めて見送りました。そして夜も11時を回る頃になると生徒もいなくなり、さて帰るか、今年も1年が終わったと、教員たちが帰り支度をはじめます。私も他の教員たちに挨拶して、がらんとした玄関口に降りました。

すると、ひとりの人影があります。あの女子生徒がぽつんと立っていました。

「どうしたの」声をかけると、彼女は「ついて来てください」と言って歩きだしました。

私は履きかけた靴を下駄箱に戻し、黙って彼女の後を追いました。

図書室で二人きりになると、彼女はかばんからなにかを取り出してきました。

「先生、これ」

それはボロボロになったぶ厚い茶封筒でした。受け取って封を開けると、中には千円札の束がぎっしり入っていました。

「ああ」とは言ったものの、私は戸惑いました。すでにあの事件のことをすっかり忘れていたからです。

「先生、実は私が盗ったこと知ってたんだよね。なぜあのとき、私のことをかばったの？」と、彼女は聞いてきました。

あの事件の後も、彼女の母親はずっと入退院を繰り返していました。また彼女はいくつかのアルバイトを掛け持ちしていました。こつこつと貯めたんでしょう。数えはしませんでしたが、封筒にはあの時の5万円が入っていたんだと思います。とても価値のあるお金でした。

私は言いました。

「お前は悪くないからだよ。お前は理由もなく人のものを盗る子じゃない。きっとあのとき、お母さんのことでお金が必要だったんだろう」

彼女は口をまっすぐに結び、うつむきました。

「あのとき俺はすでに、お前たちの担任を2年近くやっていた。なのにちゃんと信頼関係を作れていなかった。生徒が困っているときこそ、こういう理由でお金がいる。だから貸してとか、ちょうだいとか、言ってもらって当然なんだ。言ってもらえなかったのは、そういう信頼関係を作れなかった水谷の怠慢だ。先生が悪い」
だからいいんだよ、と言って彼女の肩をたたきました。

子どもは不完全な存在です。失敗もするし、間違いもおかす。もちろん大人だって同じです。それなのに、多くの大人たちは一方的に子どもたちの失敗を責め、追い込んでしまう。私には、それが哀しいです。自己責任だといって、子どもを追い込む権利は誰にもありません。過去を変えることはできません。受け入れるしかないんです。むしろ大切なのは、子どもにそっと手をさしのべ、背中を押してあげることだと思います。

「それより就職が決まって良かった。お母さんすごく喜んでたな。これは就職祝いだ。今度こそお前の好きなものを買うんだよ」
彼女は笑顔でうなずきました。

8

体罰

たいばつ

あるテレビ番組に出演した翌朝のことです。

「先生、嘘つき」

電話を取ったとたん、いきなりそう言われました。相手は電話の向こうでクスクス笑っています。懐かしい声でした。

「おい。俺、お前になんか嘘ついたか?」

相手はなにも答えず、まだクスクス笑っています。

「おい、ふざけるなよジョー。久しぶりだな。もう4年ぶりか」

「はは、バレたか。ごめんごめん。驚かせたね。昨日テレビ観てたら、先生が出てたからさ」

「なんだ、そんなことか」

「嘘つき」

「なにが」

「〝自分は22年間の教員生活の中で、ただの一度も生徒を怒ったことも、殴

ったこともない〟なんてカッコつけちゃってさ」

「ああ、それがどうしたんだ？　本当のことだぞ」

「やっぱ嘘つきだよ、先生。もしかして忘れたの？」

「え？」

本当に忘れてるのか、とジョーは楽しそうに言いました。

「俺のこと殴ったじゃないか」


ジョーは昔、夜間高校の生徒でした。

本当に人騒がせな男で、入学するより前からもう私たち教員を悩ませていました。

入学試験の後、教員たちの間でおこなわれる判定会議でのことです。

判定会議とは、学力試験と面接の結果を一覧にしたものを見ながら、一人ひとりの合否を決めていく会議なんですが、この年は受験生が定員割れしたため、「全員合格」であっという間に決まるはずでした。

ところが会議がはじまるとすぐ、副校長が手を挙げました。

「判定会議前に、重要なお知らせがあります」

場にいる全員がなにごとかと副校長に注目しました。副校長の顔にはかすかな緊張感が走っていました。

「実は、私が以前在籍していた中学校の生徒指導の先生から、ひとりの受験生について貴重な情報をもらいました。この生徒は中学時代、さまざまな暴力事件を学校の内外で起こしています。今は少年院に入っていますが、今回は法務省からの特別の許可で、うちの高校を受験してきたそうです。非常に粗暴な生徒です。その先生がおっしゃるには、この高校に入学しても、非常な迷惑をかける可能性があるとのことでした」

会議の席が静まりかえりました。何人かの教員は興味深そうにうなずいていました。そこで私は言いました。

「では、その生徒は合格です」

「え？」

とたんに会議室に不穏な空気が生まれました。私は怒っていました。

「これから合否を判定するというときに、なぜ、そんな先入観を私たちに持たせるんですか。この生徒が中学時代にどうであろうと、私たちには関係はありません。この高校に入りたいから、ここで私たちと一緒に勉強したいから彼は受験したんでしょう。きっと彼はやり直したいんです。その意思があるからこそ、法務省の方々も少年院にいる彼の受験を認めたのでしょう」

副校長は苦い表情で、私を見ていました。

「副校長。あなたがこの生徒の合否について、不利になる情報を私たちに伝えました。その時点で、この生徒は合格です」

「水谷先生」ひとりの教員が立ち上がりました。

「せっかく副校長先生が善意で教えてくれたのに、その言い方はないだろう」

すぐさま別の教員が反論しました。

「いや、水谷先生の言うとおりだ。合否に過去のことは関係ない。この生徒の将来のためにも入学させるべきだ」

「でももしこの生徒が入ることで、彼のことを知っている生徒が怖がって、学校に来れなくなったら、それこそ大変な問題ですよ」

話し合いはもめにもめ、深夜までおよびました。途中何度も激しくぶつかり合い、さんざん議論を尽くし、全員が疲れ果てた末、結局は多数決を取ることになり、わずかな差ながら彼の合格が決まりました。

しかし最後の最後まで、粘り強く反対していた先生がいました。彼は剣道部の顧問で、50代半ばながらバイタリティにあふれ、生徒たちと衝突することが多かった先生です。特に非行の傾向がある生徒に対しては、とても厳しい先生だと聞いていました。

「先生はこの生徒が問題を起こしたとき、責任を取れますか？」

彼は私を見てそう言いました。「もちろん」と深くうなずき返しました。後になんのめぐり合わせか、あるいは意図的なのか、ジョーは彼の入学を最も嫌ったその先生のクラスに入ることになります。

入学式の当日、ジョーの態度は見事でした。肩で風を切りながらところかまわず唾を吐き、目が合えば誰でも、教員でもにらみつけ怒声を浴びせていました。

式が終わった後、私は彼を自分の部屋に呼びました。一目でわかるほど不満そうに入ってきたジョーは、私の向かい側のソファーにだらしなく座ると、「何の用だよ」と目を細めました。

私は判定会議で起きたことを打ち明けました。なるべく感情的にならないように注意しながら、順を追って丁寧に説明しました。ジョーははじめ、おとなしく聞いていました。しかし話の途中から次第に顔が赤くなり、突然、拳をひざに叩きつけたかと思うと「ざけんじゃねえよ」と叫びました。

「ぜってえ許せねえ。中学にはお礼参りだ。あとこの学校で、俺の入学にケチつけた先コウの名前、教えろ。全員ぶっ飛ばしてやる」

彼は乱暴に立ち上がりました。私は目で彼を追いました。

「私は水谷だ。知ってるな？」

静かに話しかけました。そしてもう一度繰り返しました。

「私の名前は、水谷だ。夜の世界で聞いたことあるな？」

ああ、彼は面倒くさそうにうなずきました。

「あんたが水谷か。聞いてるよ。先輩とか年少（少年院）の先生とか、あんたのこと言ってたな」

「じゃあわかるだろう。水谷がなんでこうやってお前に話をしたと思う？お前を嫌ってる連中を、お前にぶっ飛ばさせるためだと思うか？」

「さあね」

ジョーはそっぽを向きましたが、私はかまわず続けました。

「この高校にいる多くの先生方が、お前のことを信じてるんだぞ。お前はやり直したくて、この高校に入ったんだろ？　もし復讐すればそれこそ即退学、年少に逆戻りだぞ」

「しょうがねえだろう」ジョーは声を荒げました。「あんたらがそれを望んでるんだろうが」

それよりさ、彼の目を見つめて言いました。

「きちんとこの高校を続けて、きちんと卒業することが、一番の復讐だとは思わないか？　今、お前のことを〝駄目なヤツだ〟って思い込んでる連中に、後でたっぷり後悔させたくないか？　誤解だった、悪かったって」

彼はうつむきました。なにかを真剣に考えているようでした。

「この高校にはこれからも、お前のように、少年院から受験するヤツがいるだろう。中学時代にいっぱい悪さしたヤツもくる。でもお前が問題起こして退学になったりしたら、そういうヤツらがこの高校に入りにくくなる。来年からはひとりも入れなくなるかもしれない。それはお前も望んでないだろう」

ジョーはぼそっと言いました。

「じゃあ、俺はどうすりゃいいんだよ」

「それじゃ、約束だ」私は身を乗り出しました。

「まず、休むな。授業をさぼるな。それから、うちの高校にもいろいろな生徒や先生がいる。嫌な思いをさせられたり、喧嘩を売られることもあるだろう。でも、絶対に喧嘩は買うな。絶対だ。なにかあったら、俺にまずは言え。いいな」

「……たぶん」彼は気のない返事をしました。

しかし彼は、本当によくがんばりました。

鉄筋工の見習いとして早朝から夕方まで現場で働き、夜は眠い目をこすりながらもきちんと授業を受けました。

さすがに肉体的につらかったのか、週に最低一度はさぼっていました。でもそんな日は必ず私のところに断りを入れにきました。

「先生わりぃ。今晩は学校無理。カンベン」

「いいよ、3分の1は休んでも大丈夫だから。今夜はゆっくり遊べよ」

私はそう言って励ましました。そのやり方は教員としてあまりふさわしくなかったのでしょう。しょっちゅう例の担任から「水谷先生、いい加減にしてよ。かわいがるのもいいが、いつかあいつはボロが出るよ。そのときは責任取ってくださいよ」と言われました。

ジョーは担任の先生の嫌味や、先輩からの嫌がらせにも耐えました。こみ上げる怒りは、ニヤっと笑うことで抑えました。

夏休みになるとジョーはバイクの免許を取り「これで新学期から遅刻はないぜ」と胸をはりました。

秋の文化祭では生徒たちの有志、特に私がかかわっている問題を抱えた生徒たちと、松茸ごはんの屋台を出しました。松茸は中国産の冷凍でしたが、お米は山形の田舎から取り寄せた最高のものです。これにジョーは、思い切って「1杯250円」という破格の値段をつけました。

おかげで5キロの松茸と60キロのお米は、あっという間になくなったものの、儲けはほとんどゼロ。お前のせいだと、先輩たちから叱られましたがジョーは気にもせず「年寄りたち、喜んでたからいいじゃねえか。さっきのばあさんなんか、松茸ごはんはじめて食ったんだってよー」と言って笑い飛ばしました。まわりが冷ややかな目で見ると「そういや、俺もはじめて食ったけど」と肩をすぼめました。

ジョーはその後2年間まっとうな生活を送り、顔からは夜の世界の子ども特有の険しさが消え、緊張感のあった目や肩にも、優しさが宿りました。

たまに私が地元の繁華街を夜回りしている最中、ばったり会うと「先生、そろそろ引退しな。俺が夜回りやってやるよ。今夜は帰れよ」なんて言ってくれて、私のことを心強く支えてくれました。

高校3年になると、恋人もできました。

彼女は同じクラスの留年生で、病弱なお母さんと中学生の妹を養いながら、型枠大工のアルバイトをしていました。仕事のし過ぎで、1年と2年のときにそれぞれ1回ずつ留年していますが、つらさは少しも感じさせない、さっぱりとした性格の2つ上の恋人でした。

二人とも仕事の疲れで眠いのでしょう。席は隣同士で、どちらかがうつらうつらするとお互いにこづき合いました。そんな微笑ましい様子を、私はよく廊下から眺めていました。

しかし担任は、ジョーを集中的に嫌っていました。もちろん指導には教員それぞれのやり方があります。それでもさすがに度が過ぎるんじゃないかと思うほど、ジョーは厳しい言葉を浴びせられていました。私も甘かった。ひと言、その担任に注意する必要があったのかもしれません。でも私が何か言うことによって、ジョーやジョーの彼女の立場がより悪くなることを恐れ、ただ黙って見ているしかありませんでした。

トラブルは3月の末、進級を決める職員会議の直前に起きました。

この日はもう授業がありませんでした。私たちは成績をつけるなど学期末の事務処理をするために、ホームルームで1年間の反省をさせたらすぐに生徒たちを帰す予定でした。

ジョーの彼女は、卒業できるかどうかの瀬戸際でした。出席日数がギリギリで、あと1日欠席すれば留年は決まり、それどころか退学になるかもしれません。

そんな日に、彼女の働いている現場で事故が起きました。同じ職場で働く年配の大工さんが、足を滑らせ怪我をしてしまったのです。面倒見のいい彼女は病院まで連れていき、軽傷であることを確認してから学校に行きました。もちろん教室には駆け込みましたが、ホームルームはすでに終わる寸前でした。

「おい、留年決定。さようなら」

担任の冷たい一声。ジョーが席を立ちました。

「先生、勘弁してくれよ。ちゃんと来たじゃねえか。出席にしてやってくれよ」

担任は目を合わせようともしません。「さあ続けるぞ」

おい、ジョーは大声を出しました。

「少なくとも理由くらい聞いてやってくれよ」

すると担任は、わざとらしく穏やかに言いました。

「ジョー、うるさいぞ。お前も一緒に辞めるか？」

瞬間、ジョーの中ですべてが崩れました。

「退学上等。辞めてやらあ」

同級生たちはあわてて止めに入ったそうです。でも間に合いませんでした。ジョーは担任のところへ突進すると、胸ぐらをつかみ、顔面めがけ拳をふるってしまいました。

そしてジョーはなにも言わず、彼女を連れて学校をあとにしました。

ジョーの担任は、すぐ私のところにやってきました。

彼は血だらけの口をハンカチで押さえながら「水谷先生、残念だけどこれが結論だよ。あいつには辞めてもらう」と言いました。

でも助かりました。校長に報告する前だったからです。保健室まで付き添いながら「まずはジョーから事情を聞きます。それからきちんと始末をつけましょう」と伝え、踵《きびす》を返すとすぐさま教室に向かいました。

そして関係している生徒たちを呼び集め、お願いしました。

「なんとしても、ジョーをここに連れてきてくれ。1分1秒でも早く」

事情を理解している生徒たちは散らばってくれました。

「嫌だって言っても、引きずってでも連れてきてくれ」


1時間も経たずに、ジョーと彼女は呼び戻されました。二人は公園のベンチでじっとしていたそうです。ジョーは申し訳なさそうに言いました。

「先生、ごめん。でも我慢できなかった。辞めるよ。もういい」

ここで待ってろ、と私は言いました。

「まずは、お前が殴った先生を呼ぶから」

「呼んでどうするんだよ」

「謝りなさい」

ジョーは顔をしかめました。

「いくら水谷先生の言うことでも、聞けねえことがあるよ。俺は謝らないよ。絶対」

私は彼を強引に座らせ、そばにいた他の生徒たちに「呼んできてくれ」と声をかけました。教室に重い沈黙が流れます。

しばらくすると「無駄だよ」と言いながら担任が現れました。

「会っても無駄。水谷先生もいつも子どもたちに言ってるでしょ。したことは償えって。もういいだろ。俺は校長に言うよ」

はれた口元が痛そうでした。

「お願いします。あなたの傷は何週間かで治る。でもこいつを退学にしたら、こいつの心に一生の傷がつく。勘弁してあげてくれませんか」

水谷さん、と彼は声を荒げました。

「あんたの言うことはわかる。でも甘やかしたら駄目なんだ。こいつはこの先もっと悪いことをやる。今のうちに身をもってわからせたほうがいいんだ」

担任の目は敵意に満ちていました。

私はジョーの首根っこをつかんで立たせました。そして「謝れ、ほら謝れ」と声をかけましたが、ジョーは口を固く結んだまま目をそらしました。

次の瞬間、私はジョーの顔を思いっきり殴っていました。

「先生、このぐらいですか？」

担任は目を丸くしました。

「もっとですか？　こんなもんじゃないですか？」

しりもちをついたジョーの前に、ゆっくりとしゃがみました。

「おいジョー、人に殴られる痛さがわかったか。どんなことがあっても、人を傷つけてはいけない」

ジョーは小さくうなずきました。「よし」彼を抱き起こしました。

「水谷も責任を取る。一緒に校長先生のところに行こう。お前は、担任を殴ったことで退学。水谷も、お前を殴ったことでクビ。それでいいな」

そして担任のほうに向き直り「さあ、校長室に行きましょう」と言いました。

担任は首を振りました。

「もういいよ。この傷はどっかで転んだことにする」

そう言うと、そっと部屋を出て行きました。

「ごめんな」と声をかけると、ジョーは泣いていました。

「いいよ。先生のほうが痛かっただろ」

このときジョーは、私が殴った最初の生徒になりました。

次の日、ジョーの担任が私を呼び出して言いました。

「思い知らされました。子どもの問題は、力じゃ解決しない」

彼は自分の息子の話をしてくれました。

家庭内での厳しい教育に耐えられず、彼の息子は中学から夜の世界に入ったそうです。その後高校を中退するまで、父子は会うたびにぶつかり合いました。家の壁に穴を開けるほどの激しい取っ組み合いをしたこともあったそうです。そのたびに奥さんは泣きながら争いを止めようとしました。

「厳しくすれば更生する」彼はそう信じきっていました。だから息子が言うことを聞かなければ、言葉や拳で暴力をふるいました。しかし厳しくすればするほど反抗的になる息子を、彼はとうとう家から追い出してしまいました。

「今、どこにいるのかな」彼はさびしそうに言いました。

「たぶん暴力団、そんなうわさは聞いてる。昨日つくづくわかったよ。力では何も解決しない。もっと信じてやれば、待ってやれば、よかった。でももう遅いな」

「もしよければ、水谷が息子さん捜しますよ。水谷は夜の世界の人間です。顔がききます。もう一度、優しくぶつかってみませんか」

しかし彼は、静かに手を振りました。

「ありがとう。でもけっこうです。実は今でも、ずっと妻と一緒に捜し回ってる。週末に、息子のいそうな町は手当たり次第。もし会ったら、もし会えたら、土下座してでも謝りたいです」

大人とは一体なんでしょう。自分はれっきとした大人だと、誰が確信できているんでしょう。職場で責任を持たされたり、家庭を持ち子どもができたりすると、人はがんばってそれぞれ大人になろうとするようです。はじめは自信がありません。でもどうにか見よう見まねで大人の世界に慣れていこうとします。もちろん中には自分は完全な存在だと錯覚している心ない大人もいます。でも多くの大人は、たった今取った行動や、喋った内容が正しいのかどうかもわからず悩んでいるような、不完全な存在なんです。だから子どもたちの前で偉そうに語ることや、横暴な態度を取ることが、どんなに汚くてきついことかを自分でよく知っているはずなんです。

もちろん、自分のことを傷つけた大人を許せとは言いません。でも時々想像してあげてください。彼らもまだどこか子どもで、どうしていいのかわからず、苦しんでいるんだということを。

9

妹

いもうと

去年の夏、横浜で講演をしたときのことです。

会場から出たときに、ひとりの女性が近づいてきました。年齢は40代だろうと、遠くから見てもわかりました。

「兄さん」彼女は言いました。

「やっと会えました」と言って私の手をぎゅっと握りしめると、目にみるみる涙がたまっていきました。

「亡くなった父と、瓜二つですね」

言われた瞬間に、私ははっとしました。


私は父親をよく知りません。3歳のときに両親は離婚し、私は山形の祖父母の家に預けられていました。母と会うことができるのも、年にたったの2回、夏休みとお正月だけのことでした。貧しい、さびしい生活でした。

「いつもさびしい思いをさせてごめんね。私たちは七夕親子だね」

母がそう言うと、

「違うよ。母さんとは年2回も会えるから」

などと言っては、お互いをなぐさめ合っていました。


私は父の写真すら見たことがありません。思い出もうっすらと、どこかのお祭りで肩車をしてもらって、バナナを買ってもらったことくらいです。

母の口から聞く父はどうしようもない男で、母をいじめ、私のことを大切にしなかったそうです。だから私はずっと、見知らぬ父のことを恨んでいました。どこかの子どもが両親と歩いている姿を見かけるたびに、父のことを思い出し、憎みました。

私が高校に入った年のことです。父の弟だと名乗る人物が、私をたずねてきました。母は必死に拒んだようですが、私はその人と近くのラーメン屋に行くことにしました。

私の叔父であるその人は、父が再婚していること、すでに私には腹違いの妹がいることを教えてくれました。でも用件はそのことではなく、父の体調が思わしくない、私に会いたがっているから一緒に病院に来てほしい、ということでした。

ラーメンは途中でしたが、私は席を立ちました。

「母にあんな仕打ちをし、母を捨てた父に会うつもりはありません」

そのとき哀しそうに見つめた、叔父の顔が今でも思い浮かびます。

後に父が亡くなったことも、叔父から聞かされました。「最後のお別れだから、葬式くらい出てやってほしい」と言われましたが、私は冷たく電話を切りました。

妹の顔を見てすべてを思い出しました。

彼女は手帳を取り出すと、2枚の写真を見せてくれました。どちらも古びた白黒写真でした。

「父はいつもこの写真を大切に持っていました」

1枚は私が赤ん坊だった頃の写真です。もう1枚は、知らない人の写真でした。

「兄さんにそっくりでしょう。父です。死ぬ直前の父です」

言われてみると写真の男は、まるで私が老いたような顔をしていました。


私は見知らぬ妹と、妹の母にひどいことをしていました。

父が亡くなった後、妹の母が雇った弁護士が遺産相続を放棄するように頼み込んできたのですが私は断り、わずかな遺産でしたが、法律上、長男として正当な額を要求しました。父と一緒に暮らすことができた妹が、憎くてたまらなかったからです。

ただでさえ一家の大黒柱を失い、苦しかっただろう妹の家庭から、私はしつかりとお金をはぎ取りました。

私は、なにも言うことがありませんでした。謝ることすらできませんでした。ただ名刺を渡し、「連絡してね」と言うのが精一杯でした。本当に連絡が欲しいと思ったのです。勘違いかもしれません。でも妹の顔に、私がかかわっている子どもたちと同じ、深い苦しみの影を見たような気がしたのです。

以来、今でも妹からの連絡を待ち続けています。もしもう一度会うことができたら、今度こそ食事でもしながらゆっくり語り合いたいと思います。

父も、妹も妹の母も、そして私と私の母もそれぞれ苦しみを抱え、今まで必死に生きてきました。もう過去のことは終わりました。今日から新しい関係を築いていけばいい。そのことを伝えている立場の私が、できていませんでした。

10

絆

きずな

長いメールが届きました。東北に住む19歳の少女からでした。

〈夜回り先生ですか？　先週、お父さんが自殺しました〉

朝起きると突然、母親の悲鳴が聞こえてきたそうです。彼女が布団を飛び出し、あわてて両親の寝室に入ると、天井から父親がぶら下がっていました。少女は母親と二人がかりで父親を降ろし、身体をさするよう抱きしめ、起きて起きてと声をかけました。身体は冷たくなっていました。救急車はすぐにきましたが乗せてはもらえず、かわりにパトカーが来ました。

〈お父さんを殺したのは私です〉

少女は中学のときいじめに遭い、学校に行けなくなったそうです。いつも家でリストカットをしていて、耐え切れなくなると暴れました。そんなときはいつも、父親は黙って抱きしめてくれたそうです。

彼女はあるバンドの追っかけをしていて、それが彼女の心の救いになっていました。そのことを知っていた父親は、バンドのコンサートがあるたびに、ひとり娘のために一番いい席のチケットを取ってくれました。10年近くもの間、彼女は父親の優しさに支えられて生きてきたそうです。

ところがある時を境に、家族はおかしくなりました。

それは父親の会社の経営が突然悪化し、倒産したのがきっかけだと言います。

家族は狭いアパートに引越し、それから父親は毎日酒びたりの生活をはじめました。いつも家族に向けていた笑顔は消え、会話にもあまり加わらなくなりました。

〈それなのに私、先週お父さんに〝今度のコンサートのチケット買ってね〟って無理言って。お父さん、うんって言ってくれなかったから暴れちゃった。お父さんつらそうに〝ごめんな〟って言ってくれたのに、やだやだ行くんだって暴れちゃった。だからお父さん死んじゃったんだ〉

メールの最後はこう結ばれていました。

〈私は人殺し。死にたい。早くお父さんのところに行って謝りたい。でもお母さんがいつもそばにいるから、死ねない〉

私はすぐにメールの返事を書きました。

〈水谷です。水谷が君のためになにができるのか、もちろん君がどうしたらいいのかわかりません。でも、できたら電話してください〉


電話の向こうで泣きじゃくる彼女に、私はゆっくりと話しました。

「もう誰にもお父さんを生き返らせることはできない。でも君と、君のお母さんは今でも生きている。君のお母さんは、今どうしてるんだい？　お母さんだって君と同じように哀しんでいるはずだよ。でも、今どうしてるんだい？　君を絶対に死なせまいと、ずっとそばにいるんじゃないか？　もし君が死んだら、お母さんは？　人は、人のために生きるんだよ。まず君にできるのは、お母さんのために生きることじゃないか？」

彼女はなにも答えません。このままではまずいと思い、母親に電話をかわってもらいました。

「今、娘さんの状態はとても危険です。すぐに近くの保健所に電話をしてください。自殺願望が強く、とてもお母さん一人ではしのぎきれません。そのことを担当者に伝えてください。それから緊急一時保護で精神病院に保護してもらい、専門の医師たちによる治療を受けさせましょう」

しかし母親は怒っていました。

「先生は、私からこの子を奪うんですか。私は、この子がいるから。今ここにいてくれるからやっとなのに」

電話は一方的に切られました。

それから、その母子とは音信不通になってしまいました。

半月が経ちました。母親のきついひと言に、私はどうしようもないつらさを感じていました。本当にどうしようもなかったんです。母子はどちらも不安定でしたが、お互いの存在によってなんとか支え合っていました。でも私が行動を起こすことによって、その状態を崩してしまうかもしれない。かといって、このまま見過すにはあまりにも危険でした。

だからふたたび電話があったとき、私は心の底からほっとしました。同時におそるおそる「どうしてたの？」と聞くしかありませんでした。

「あの電話の後、お母さんおかしくなった」

母親はいきなり娘を抱きしめたそうです。そして娘の背中をどんどん叩きながら「お前まで死んだら、お母さんはどうやって生きていけばいいの」と泣きわめいたそうです。

翌日から、母親は気が抜けたような状態になり、そのまま寝たきりになりました。そしてもうなにをする気力もなくしたらしく、声をかけても返事をしなくなりました。でも娘の姿が見えなくなると、狂ったように部屋中を探し回り、見つけるとあわてて飛びつきました。「ただこの2、3日は落ち着いてる」と彼女は言いました。心配して様子を見にきた叔母が、ずっとそばで面倒を看てくれているそうです。

私がなにかを言うより早く、少女は話を続けました。

「先生こないだ言ってたよね。人は人のために生きるんだって」

「言ったよ。みんなそうだ。もちろん君も」

彼女はしばらく黙りました。なにかを考えているようでした。

「……私、少しだけそれがわかった気がする。お母さん、私が死んだらたぶん死ぬ。でもそれは絶対できない。しちゃいけない。だから、私生きなくちゃ」

私は「うん」と答えました。が、とっさに受話器を離し、嗚咽《おえつ》をかみ殺しました。嬉しかった。ずっと強い無力さを感じてました。いくら必死に問いかけても、その声が届かないときがありました。そのうちの何十人という子どもが、尊い命を失いました。

「生きていてくれて、ありがとう」

私はそっと伝えました。

11

熱意

ねつい

夏休みのことでした。

ある地方で講演を終えサイン会をしているとき、ひとりの男の存在が気になりました。少し離れたところから、背の高い20代後半の青年が思い詰めた表情で私のことを見ています。どうしたんだろうと思っているうちに、彼は姿を消しました。

楽屋口から出て自分の車のところに戻ると、また彼が立っていました。私の車だけが横浜ナンバーだったので、そこで待っていたのでしょう。

「どうした」と声をかけました。彼は身体を縮こませるだけで、なにも話そうとしません。でも必死に拳を握りしめ、なにかを言いたそうにしています。しばらく待ちましたが、どうにも言葉が出てこない様子でした。

「駅まで乗るかい」と言って助手席のドアを開けると、彼は私の小さな車に大きな身体をもぐり込ませました。そして上半身を折り曲げたまま、肩を震わせながら泣きだしました。仕方なく私は近くの公園に車を停めて、彼が顔を上げるのを待ちました。

彼は、工業高校の体育の教員でした。高校時代、地元では有名な陸上選手だったそうです。大学でも陸上部に入りました。そして「後輩を育てたい」という一心で高校の教員を目指し、2年前の春、めでたく採用されました。

1年目は体育の授業と陸上部の顧問をつとめ、今年から1年生の担任を受け持つことになりました。そこで壁にぶつかったそうです。

真面目な青年でした。彼は私のような教員になりたいと、ひたすら私の本を読み、ひたすら子どもたちに優しく接し、子どもたちの痛みがわかる教員になろうと努力しました。

彼は生徒がホームルームを抜け出しても、ただ哀しい顔で見送りました。

「おい先コウ、うだうだすんじゃねえんだよ。もう喋るのやめな」とせかされれば、口をつぐみました。

そのせいか4月の半ばにはすでに、クラスはほとんど崩壊してしまいました。

学年の先輩教員たちからは、ハッパをかけられました。

「君が甘いからだよ。もっとびしっとしめないと。勝手にさぼるような生徒は生徒指導部に頼んで処分をしてもいいから」

でも彼の優しくてまっすぐな性格は、権力でクラスをまとめることを許しませんでした。

一学期が終わる頃になると、学級崩壊はホームルームだけではなく、教科の授業にも影響をおよぼしました。こうなるともう学校側も黙っていません。学級担任からだけではなく、各教科の先生や校長先生からも指導力不足を指摘されたそうです。

彼はひきつった声で言いました。

「もう2学期からは学校に行けません。でも最後にどうしても、水谷先生にご指導いただきたかったんです」

私は言いました。君のしてきたことは決して間違いじゃない。感情にまかせて怒鳴りとばしたり、進級、単位という言葉で生徒を脅して、従わせる教育よりずっとましだと。

「じゃあ、僕はなにが間違っていたんでしょう」

「でも、人間関係を作ろうとしなかった。ただ見守るだけで、自分の心を理解してもらおうというのは、君の甘えだよ。まずは、君の想い、なぜ君が子どもたちをただ見守っていたかという理由、そして今、君が他の先生たちから袋だたきになっているという現状を、子どもたちに素直に話したほうがいい。君が、学校を辞めようとまで考えていることも」

それが子どもを信じるということだ、と私は伝えました。

彼は次の日から、クラスの生徒全員に電話をかけ続けました。

そして「8月30日午前10時から、臨時にホームルームを開くから、必ず集まってほしい」と頼みました。その日は会議の前日にあたり、ほとんどの先生が休みを取る日でした。彼はその日に賭けました。もし生徒全員が集まらなかったら、翌日校長に辞表を出す覚悟でした。

そして8月30日、彼は早朝から学校へ行きました。4月以来ずっと汚れ散らかり放題だった教室をひとりできれいに掃除、整理整頓するためです。

朝9時から、教卓の横に座りました。そのまま祈るようにして、子どもたちを待ちます。

「先生、どうしたの？」

一人また一人と生徒たちが登校してきました。

「おい先コウ、休みの日に呼ぶんじゃねえよ」

「死んでんのかよ、なんで下向いてんだよ」

彼は生徒たちの言葉には一切答えず、ただ待ち続けました。

午前10時。生徒が全員そろうと、彼はゆっくりと顔を上げました。そして教壇に立つと、生徒たちの前で頭を下げました。

「ごめん、本当にごめん。先生はもうだめだ」

突然の告白に、生徒たちはざわめきました。

「お前たちも知っていると思うけど、俺は夜回り先生みたいになりたかった。生徒を信じる。そして、ただ生徒を待つ。すごいな。そんな先生になりたいなってずっと思い続けてきた。それで今年、お前たちの担任になって、これで夜回り先生と同じことができる、やったと思った。でもそれは勘違いだったんだな。

お前たちには、きっとわかってもらえてはいなかっただろうけど、先生は、お前たちをひたすら信じた。そして、1学期の間ずっと待ち続けた。でも、駄目だった。クラスはめちゃめちゃ。遅刻も早退も当たり前。学年の先生にも、各教科の先生にも、校長先生にまでも、これじゃ学級崩壊だ、なにやってんだって叱られた。もっと厳しく指導しろって。

でも、先生にはできない。先生な、実は夏休みに、夜回り先生のところに相談に行ったんだ。もうどうしていいかわからない。助けてほしいって。

そしたら言われた。俺は自分を守りながら、ただきれいごとを言ってるだけだって。まずは自分の気持ちを伝えること。どうしたらいいかは、生徒たちに聞いてごらんって。

本当にそうだと思った。だから今日みんなに集まってもらった。

俺はみんなのことが大好きだ。みんなといい思い出を作りたい。

別にいい教師だなんて思われたくない。教育委員会だってどうでもいい。他の先生からどう言われたってかまわない。

この世界にはすごい数の人間がいる。その中で俺たち41人が、この1年を一緒に暮らすことになった。このすごい偶然に感謝して、みんなで明日を作りたいんだ。俺は、かなり駄目な教師だと思う。だから教えてほしい。これからどうしたらいいのか。俺がどう変わったらいいのか」

教室の中は沈黙し、重苦しい時間が流れていました。女子生徒の何人かは泣いていました。

「わかったよ、もうよそうぜこんな暗いの」

クラスの中で一番目立っている男子生徒が言いました。「俺たちが悪かった。先生、がんばんなよ。いいんだよ、ぼちぼちで。みんな帰ろうぜ」彼を先頭に、ほとんどの生徒が教室を出ていきました。しかし何人かの女子生徒は残り、教卓に座り込んだ彼のそばで、「先生、辞めないで」と話しかけていました。


9月の中頃に、彼から電話がありました。

「先生、うちのクラスが変わりました。あんなに嫌がっていた掃除も、いい加減だけどみんなでやってくれています。授業をさぼる生徒もいなくなりました。全員ちゃんと机に座っています」

今は文化祭を目前にして、生徒たちは夜遅くまで準備をしています。文化祭用のTシャツには「がんばれよ。ぼちぼちだよ」とプリントされているそうです。

心を通じ合わせることは、とても難しいことです。大人になればなお難しくなります。まして大人に傷つけられた子どもとは。でも私はいつでも信じています。正直になれば、素直に心を開けば、必ず想いは通じると。

心を開ける相手と出会ったとき、そこに新しい明日があります。

12

やさしさ

ヤサシサ

京都に住むという、21歳の女性からメールが届きました。

〈死にたい。でも最後に先生の声が聞きたい〉

メールの最後に打ち込まれた番号を見て、私はすぐに電話をかけました。

彼女は〝過敏性大腸炎〟という病気を患っていて、小学生の頃からことあるごとに「おならくせえ。そばに近寄るな」といじめられていたそうです。ひどいいじめに耐え切れず、中学に入るころにはあまり学校へ行かなくなりました。高校にも進学しませんでした。6年間、自宅から一歩も出ることなく、窓はすべて黒いビニールで覆い、真っ暗な自分の部屋にひきこもっていました。時々リストカットもしました。家の中で家族と会うことすらも、拒絶していました。

それでも彼女の両親はなにも言わず、毎日3食欠かさず、お盆にのせた温かい食事を、部屋のドアの前に置いておいてくれました。生活態度にもまったく干渉してきませんでした。でも、娘の将来はちゃんと心配してくれていたようです。

ある日、彼女がお盆を部屋に引き入れると、ごはんと一緒に本が置かれていました。ひきこもって以来初めてのことです。彼女は、戸惑いながらもその本を手に取りました。そしてなんの気になく読みはじめたら止まらなくなり、一気に読み終えてしまいました。彼女は彼女なりにその本から強いショックを受け、「死ぬ前に一度だけ、この先生と話をしてみたい」と思ってくれたそうです。

メールをしよう。メールして返事が来なければ、きっと私はだまされたんだ。もう人を信じることもなく、死ねる。きっと返事なんて来ないし。これでこの世界とおわかれできる。もし返事が来たとしても同じ。ただ、死ぬためのきっかけが欲しいだけだから。

いきさつをすべて話すと、彼女は泣きだしました。

私は言いました。

「死なれたらすごく哀しいよ。生きてさえいれば、これから楽しいことがたくさん待っているのに」

「そんなの、なにもないよ」

「あるさ」

「絶対ありえない」

「じゃあこうしよう。今日から1日1回、人のためになにかやってあげてごらん。ほんのちょっとしたことでいいから」

「無理だよ、できるわけないよ。だって部屋から出られないんだよ。本当に一歩も出られないんだから。腕だって、洗濯板みたいだし。こんなんじゃなにもできないし」

電話は一方的に切られました。かけ直してももう電話は通じませんでした。

しばらくすると、傷だらけになった彼女の腕の写真がメールで送られてきました。

しかしその日から、彼女は絶えず存在を知らせてきました。夜はひと晩中インターネットのメンヘル系掲示板に「死にたい、助けて」と書き込み、朝になると私のところに電話をしてきました。

「先生起きてる？　私はこれから寝る。まだ生きてる。でも明日は死ぬよ」

そう言いながらも、毎日をなんとか生き抜き、私のことを気にかけてくれていたのが嬉しかったです。

彼女と知り合って、ちょうど2ヵ月が過ぎた頃でした。

今でも鮮明に覚えています。ちょうど6時を回り、朝の日差しが木々を明るく照らし、鳥たちが鳴きはじめる頃でした。

「なあ。今日こっちはとってもいい天気だよ。京都はどうだい」

「わかんない」と彼女のぼんやりしたひと言。「先生、よく私のこと嫌にならないね。こんなに毎朝電話して」

「かまわないよ」私は言いました。「それよりたまには、先生の言うことも聞いてくれないか。ビニールの目隠しを少し破ってみて。少しだけでいい。きれいな朝を見てみてほしいんだ」

彼女はしばらく黙りました。そしてひとつため息をつき、小さな声で言いました。

「いいよ。そのぐらいならできる」

直後、ゴソゴソという音がしました。私は受話器に耳を当てたまま、彼女がビニールの目隠しに穴を開け、窓の外に目をやる姿を想像しました。彼女の驚いた声が聞こえました。

「先生、まぶしい。でも、きれい。あっ」

「どうした?」

「お隣のおばあちゃんが、ゴミを捨てようとしてる。年取ったなあ、おばあちゃん」

「なんせ、6年間も会っていないから」

そりゃそうだね、と言って彼女は笑いました。

その日から、毎朝私に電話をかけることに加え、電話をしながらお隣のおばあちゃんの姿を見守ることが彼女の日課になりました。

2週間くらい経ったある日、関西地方が嵐に見舞われました。テレビのニュースで見た関西の町は大荒れで、道行く人は傘をさすのにも苦労している様子でした。

私は心配していました。いつも6時過ぎにかけてくるはずの、彼女からの電話がありません。なにかあったんだろうか。こちらから電話をするべきだろうか。受話器を取ろうとした矢先に、電話が鳴りました。

「私、今びしょびしょなんだ」

開口一番、彼女は言いました。言葉とは裏腹に、嬉しそうでした。

「今朝ね、お隣のおばあちゃん、こんなひどい嵐なのに、ゴミ捨てに行こうとしてたんだよ。そしたら風で傘があおられて倒れちゃったの。で、全然動なくなっちゃって」

彼女は心配になって、思わず外に飛び出したそうです。そしておばあちゃんのところに駆け寄り「大丈夫？　大丈夫？」と声をかけ、抱き起こしてあげました。おばあちゃんは少し動揺していましたが、彼女を見ると「大丈夫だよ、少し足を痛めただけだから」と言って笑ってくれたそうです
「おばあちゃん、私に〝ありがとう〟って言ったの。それから私のことじっと見つめて言ったの」

彼女は声を詰まらせました。

「……大きくなったねって」

その日から彼女はおばあちゃんのゴミ捨てを手伝って、その後は二人でお茶を飲むようになりました。

久しぶりに連絡がありました。

「私にもなにかできるかな」

「なにかって？」

「先生言ったよね、人のためになにかしろって。私、仕事してみたい」

「おお、やってみろ」

私は京都で老人ホームを経営している先輩に、すでに頼み込んでいました。先輩は洗濯の仕事を用意して待ってくれています。そこでお世話になるようにすすめました。

それから母親に電話をかわってもらい「途中、誰かと会うのがつらいかもしれないので、職場まで彼女を送迎してもらうことにしました」と伝えました。

彼女は一生懸命働きました。よほど仕事が楽しかったのでしょう。1週間後には自分から「介護もしたい」と申し出て、ひとりのおばあさんの担当になりました。そして一日中付きっきりで食事の補助や、トイレや入浴のお世話をしました。

「先生、先生、今日のお昼ね」

電話口から、彼女の弾けるような声が聞こえます。

「そのおばあちゃんが、おもらししちゃったんだ。左半身が麻痺《まひ》してて、車椅子で生活してるから仕方ないの。言葉もうまくしゃべれないから、おなかこわしてたの言えなかったみたいで、お尻すごく汚れちゃって。先輩たちは『ふいてあげるだけでいいよ』って言ってくれたんだけど」

でもあまりにも可哀相で、彼女はひとりでおばあさんをお風呂場に連れていき、シャワーできれいにしてあげたそうです。するとおばあさんは、口をモゴモゴ言わせながら、両手を合わせて拝みました。ありがとう、ありがとうって。

それから彼女は、おばあさんを車椅子からベッドに寝かせてあげました。そのとき彼女の袖がめくれて、リストカットの痕が見えてしまったそうです。

「しまったたって思った。でもおばあちゃん、あっていう顔した後、泣きだしたんだ。わんわん泣くんだ。私の手を一生懸命さすりながら」

彼女はかすれた声で言いました。

「私、生きててよかった」


その翌日、老人ホームを経営する先輩からお礼を言われました。

「お前が預けてくれたあの子。あの子のおかげで、うちのホームの雰囲気が変わったよ。職員全員が心を入れ替えた。だから今朝のミーティングであの子に謝ったんだ」

老人ホームの職員たちは、ずっと彼女のことを快く思っていなかったそうです。「気がきかない」「職場の雰囲気が暗くなる」と裏で言われていました。ところが昨日の一件によって、それが間違いであることに気づかされました。「職員たちは大切なことを忘れていた。でもみんながあの子を見習えば、うちは日本一の老人ホームになるだろう」

多くの心優しい子どもが、他人に優しくできない自分に苦しんでいます。もしかすると今の社会は、優しさを素直に表現しにくい状況になっているのかもしれません。優しくするためには少しの勇気がいります。でもその勇気が、あなたとあなたの身のまわりを大きく変えてくれます。優しさは本来、誰もがたくさん持っているものです。ぜひくばってあげてください。

おわりに

子どもはみんな花の種です。

親や学校の先生をはじめ、社会全体できちんと育て、時期を待てば必ず美しい花を咲かせてくれます。もし花を咲かせることなく、しぼんだり枯れたりする子どもがいれば、それはまぎれもなく大人のせいであり、子どもはその被害者でしょう。

そんな被害者である子どもたちとの出会いを求め、私は今日までずっと日本中を回り、夜の街を歩き、講演で語りかけ、メールの返事を書き続けてきました。べつに正義感に駆られていたわけではありません。子どもたちが私を信頼し、必要としてくれたことが、単純にとても嬉しく、それが私の生きる希望につながっていたからです。

おかげで10万人を超える子どもたちが、いろんな悩みを打ち明けてくれました。胸が引き裂かれるような哀しい悩みもあれば、解決に長い時間を要する深い悩みもありました。それでも私は幸せでした。自分にこだわった生き方はとても苦しいものでしたが、自分を必要としてくれる人のために生きるのは、とても幸せだったし、なにより楽でした。そのことに気づかせてくれたのは、過去の苦しみを乗り越え、今まさに明日に向かって生きようとする子どもたちのひたむきな姿だったのです。

そんなふうにつねに子どもの側に立ち、大人を攻撃し続けていた私が「実はみんなの知らないところで大人たちも苦しんでいる。だから許してあげてほしい」というメッセージを発することは、とても勇気のいることでした。裏切りだと思われてしまうのはつらい。子どもたちに見放されるのは、私にとってなによりも耐えがたいことです。

でもこれだけは、どうしても伝えておきたかった。

大人も子どもも、誰だって本当は人を傷つけたくなんてないんです。

人は本来、みんな優しいものです。

目の前でお年寄りがカバンの中身をぶちまけてしまったら、とっさに駆け寄り拾ってあげるでしょう。幼い子が道で転んで泣いていたら、そっと手をさしのべ抱き起こしてあげるでしょう。それができるのが、その場に自分しかいなかったら、まさに自分が必要とされれば、みんなすすんで人を助けようとする。そういう素晴らしい心を、本当は誰もが持っているんです。

そんな優しさを忘れてしまうほど今、社会は憎しみにあふれています。会社で上司に「なにやってるんだ」と怒鳴られた父親が、家に帰って「まだ風呂が沸かないのか」と妻にあたる。夫に怒鳴られた母親が「こんなひどい点数をとって」と子どもにあたる。傷ついた子どもが夜の街に出かければ、父親が「お前の教育のせいだ」と妻にあたる。自分のことが原因で両親が喧嘩している姿を見て、子どもはさらに家に帰るのが恐くなる。こんなふうにあらゆる場所に憎しみが連鎖し、互いを傷つけ合っているんです。

「駄目だ。なにやってんだ」「こんなこともできないのか」そんなふうに否定され続けたら、大人だって心を病んでしまいます。実際、社会にはそういう大人が増えています。そしてその心の傷の反動が、今まさに子どもたちに向けられています。

でもほとんどの親は子どもを怒ったり、叩いてしまったあと、実は心の中で言っているんです。「ごめんね」って。でも残念ながら、それを言葉にする勇気がありません。なぜならその大人もまわりから認めてもらえず、自分に自信が持てないからなんです。自信がないから、自分の過ちを認めることができない。その苦しさを少しだけわかってあげてください。

子どもたちに、私から最後のお願いです。

あなたたちはとても繊細です。大人に裏切られれば、深く傷つくし、孤独な気持ちにもなるでしょう。憎くて仕方ないときもあるはずです。

でもあなたを傷つけた大人は、もしかしたらあなた以上に傷ついているかもしれません。つらくてどうしようもなくて、あなたを傷つけてしまったのかもしれません。

彼らを許してあげてください。

泣いたり、叫んだり、暴れたりして、自分の言いたいことを訴えたら、彼らに対して心を開いてみてください。そしてお互いに今までのことはすべて受け止めて、過去のことは潔く断ち切り、これからどんな可能性があるのか、どうすればもっと気持ちよく生きられるのか、夢をたくさん語ってください。

「わたし、援助交際やってた」

いいんだよ。

「ぼく、ずっと不登校だった」

いいんだよ。

「おれ、暴走族だった」

「わたし、リストカットしてた」

「おれ、子どもに暴力ふるった」

「わたし、いじめを見ないフリした」

「おれ、仕事で失敗した」

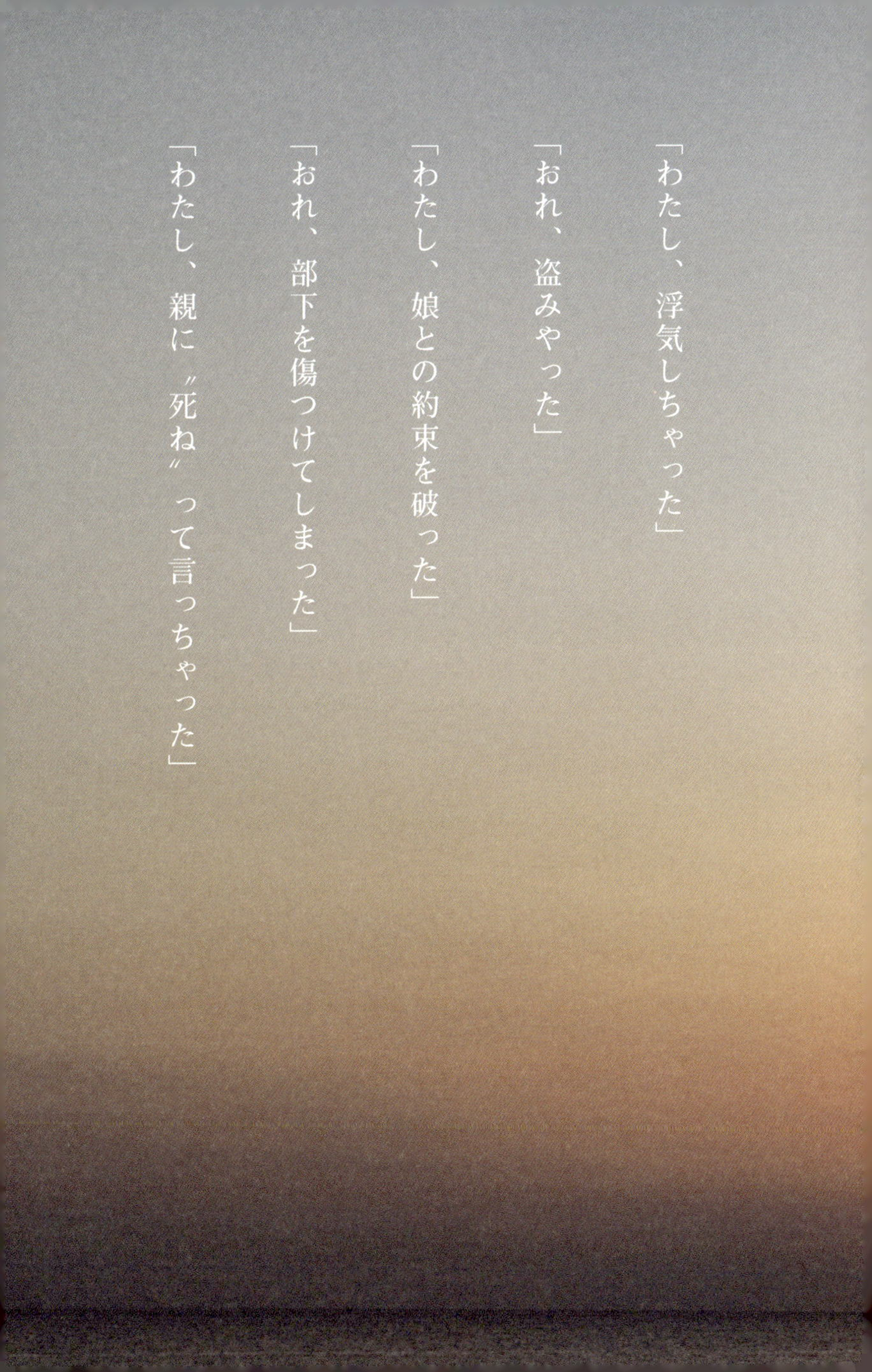

「わたし、浮気しちゃった」
「おれ、盗みやった」
「わたし、娘との約束を破った」
「おれ、部下を傷つけてしまった」
「わたし、親に〝死ね〟って言っちゃった」

いいんだよ。
昨日までのことは、みんないいんだよ。
生きていてくれさえすれば、それだけでいい。
今日から人のために優しさをくばって、
人のために生きてください。
そうすれば、明日は自然にやってきます。

ごめんね、亡くした子どもたち。
水谷は夜の世界に戻ります。許してください。

ありがとう、生まれ変わってくれた子どもたち。
君たちの笑顔が、きっと日本の明日を開きます。

さようなら。
いつかどこかで、
あなたの笑顔と出会える日を待っています。

水谷 修（みずたに おさむ）

1956年横浜生まれ。元高校教師。上智大学文学部哲学科卒業。“夜回り”と呼ばれる深夜パトロールを行いながら、若者の更生と薬物汚染の予防に尽力。一方では、全国から寄せられるメールや電話での相談に応じ、不登校・心の病・自殺などの問題に取り組んでいる。講演会は年間300回を超え、テレビ・新聞などへのメディア出演も多数。少年非行の実態を広く社会に訴え続けている。第17回東京弁護士会人権賞受賞。
主な著書に『夜回り先生』『夜回り先生と夜眠れない子どもたち』『こどもたちへ～夜回り先生からのメッセージ』（サンクチュアリ出版）、『さらば、哀しみの青春』（高文研）、『さよならが、いえなくて』（日本評論社）など。

水谷修ホームページ「夜回り先生」
http://www.sanctuarybooks.jp/mizutani/

夜回り先生のねがい

2007年5月15日　初版発行

著　水谷修

カバー／本文写真　疋田千里
装丁／デザイン　井上新八
発行者　鶴巻謙介
発行／発売　株式会社サンクチュアリ・パブリッシング
（サンクチュアリ出版）
東京都新宿区荒木町13-9 サンワールド四谷ビル
〒160-0007
TEL 03-5369-2535／FAX 03-5369-2536
URL：http://www.sanctuarybooks.jp/
E-mail：info@sanctuarybooks.jp

印刷／製本　中央精版印刷株式会社

※本書『夜回り先生のねがい』に掲載されている
水谷修氏以外の人物、建物、風景等の写真は、
あくまでもイメージ写真であり、本書の内容とは一切関係ありません。

PRINTED IN JAPAN
定価およびISBNコードはカバーに記載してあります。
落丁本・乱丁本は送料小社負担にてお取替えいたします。

夜回り先生　著：水谷修

悩んだら電話しなさい。水谷は、どこでも会いにいくよ。

不登校、ひきこもり、リストカット、薬物乱用…
12年間夜の街を回り、5000人の生徒と向き合った
「夜回り先生」が激動の半生を振り返る。
なぜ夜の街の子どもたちが、水谷先生にだけは
「心をひらく」のか、その答えがこの一冊におさめられている。

ISBN:978-4-921132-54-5　定価1470円（税込）　発行／発売：サンクチュアリ出版

夜回り先生と夜眠れない子どもたち　著：水谷修

いいんだよ。過去のことは。

不登校、非行、リストカット、薬物乱用…
子どもは、大人たちになにを求めているのか？
大人は、子どもたちに一体なにができるのか？
“夜回り先生”水谷修が13年の夜回りで見つけた、
たったひとつの答え。

ISBN:978-4-86113-001-4　定価1470円（税込）　発行／発売：サンクチュアリ出版

こどもたちへ　夜回り先生からのメッセージ　著：水谷修

いま、生きにくいと感じている子どもたちへ
そして、すべての子どもたちへ

命を粗末にしてはいけない。子どもはかならず幸せに生きなければいけない。夜回り、電話、メールを通じて、子どもたちに伝えているやさしい言葉、そして切実な想いが一冊のメッセージ集に。厳しい現実を乗りこえるための手がかりが、親身な言葉で綴られている。

ISBN:978-4-86113-006-9　定価1260円（税込）　発行／発売：サンクチュアリ出版